W0323444

Pamphlet, documenti, storie

REVERSE

Soci: Gruppo editoriale Mauri Spagnol S.p.A.
Lorenzo Fazio (direttore editoriale)
Sandro Parenzo
Guido Roberto Vitale (con Paolonia Immobiliare S.p.A.)
Sede: corso Sempione, 2 – Milano

ISBN 978-88-3296-291-8

Prima edizione: giugno 2020

Realizzazione editoriale: Studio editoriale Littera, Rescaldina (MI)

www.chiarelettere.it
BLOG / INTERVISTE / LIBRI IN USCITA

Sergio Abis

Chi sbaglia paga

Prefazione di *Gherardo Colombo*

chiarelettere

Sommario

Prefazione
di Gherardo Colombo

Un carcere senza sbarre

Ettore e i ragazzi. La Collina e le lettere dei detenuti. Richieste di aiuto e testimonianze di sofferenza. Tutto in un volume che va in libreria in concomitanza con un compleanno importante: i venticinque anni della Comunità fondata a Serdiana da don Ettore Cannavera. Dove sono capitato per caso, una quindicina di anni fa: ero in Sardegna per un altro incontro, se non ricordo male ospite della Fondazione Domus de Luna, e insieme siamo stati alla Collina. Ecco, vorrei sottolinearlo, subito mi ha colpito la bellezza dei luoghi, vicini ai centri abitati eppure lontani, immersi nel verde e nel silenzio di campi lavorati. Ed è proprio qui, in un posto dove la natura splende, che ho visto e toccato con mano il lavoro di don Ettore, un sacerdote che accompagna i ragazzi suoi ospiti verso la comprensione delle regole.

E lo fa con grande dolcezza attraverso un metodo di comunicazione tutto suo, un percorso di sensibilizzazione che porta al rispetto dell'altro. Nella Comunità di Serdiana c'è la vita insieme, c'è il lavoro ma, soprattutto, si vedono e sono tangibili i risultati di quel lavoro. Ed è tutto il contrario di ciò che succede in carcere.

Nelle migliaia di lettere che tanti giovani detenuti hanno scritto a don Ettore da vari penitenziari, quei ragazzi raccontano le asprezze del carcere e ne colgono lucidamente l'essenza nel momento in cui riconoscono che è un meccanismo rivolto a confermare la loro esclusione dalla società. È tutto vero: l'ambiente carcerario è confermativo della marginalizzazione dei detenuti e alla fine questo si traduce in una spinta a non osservare le regole. O meglio: a osservare regole che sono l'esatto opposto di un sereno e proficuo vivere in comune.

Alla Comunità La Collina, invece, non ci sono sbarre alle finestre e questo rende più difficile gestirsi per chi vi venga ospitato: a Serdiana c'è una grande responsabilità in capo al singolo che giorno dopo giorno deve decidere con il suo comportamento se rimanere, osservando le regole comunitarie, o andarsene. La sua è una vera e propria scelta, resti qui o scappi, ma se scappi ti attende di nuovo il carcere. La difficoltà sta proprio in questo: nella scelta che ogni giorno è chiamato a compiere. E don Ettore aiuta i ragazzi a scegliere. La differenza tra La Collina e il carcere è qui: nella Comunità di don Cannavera ci si possono assumere responsabilità, mentre il carcere deresponsabilizza. O, per meglio dire, vi si assumono responsabilità diverse e contrarie, perché in un penitenziario si ha quella di seguire la legge del carcere dove, di fatto, si impara il mancato rispetto per l'altro.

Le lettere contenute in questo libro ci fanno capire quanto la persona in carcere sia sostanzialmente abbandonata. Ci sono lettere che, a una prima veloce occhiata, possono apparire banali richieste di piccole cose e invece, se rilette con attenzione e bene interpretate, sono sempre e comunque richieste di aiuto per uscire dall'emarginazione, dalla solitudine, dall'esclusione.

La Collina e il carcere sono due opposti inconciliabili, salvo rare eccezioni. Nella Comunità di Serdiana il singolo, seguendo un modello di vita che non ha mai conosciuto prima, impara man mano a sentirsi persona circondata da altre persone che insieme a lui cooperano per il suo recupero, in modo da permettergli di rientrare nella società a testa alta. Ed è l'unica cosa che conta: la relazione con l'altro e il rispetto delle regole. Si osservano le regole quando si capisce che esiste anche l'altro, in un circolo virtuoso. L'insegnamento di don Ettore Cannavera è questo.

Le lettere sono state sistemate e commentate da Sergio Abis. Insomma, questo libro l'ha scritto lui. Ha potuto farlo perché ha toccato con mano ciò di cui parla. È finito in carcere a sessant'anni. Da incensurato e da persona colta, laureato in Fisica, specializzato in Scienza dei materiali, ricercatore applicato per vent'anni con successo. È entrato in prigione avendo letto miriadi di libri sul tema «carcere» e avendo collaborato, in gioventù, con Amnesty International. Ci è entrato convinto di sapere cosa fosse. Ma un conto è viverlo da fuori, pur frequentandolo, entrandoci anche quotidianamente ma avendo la libertà di uscirne ogni giorno; un conto è doverci restare dentro. È restandoci, in carcere, che si impara a conoscerne gli anfratti, le regole nascoste, le prevaricazioni, le umiliazioni, le disuguaglianze e le discriminazioni. È vivendoci, in carcere, che puoi capire il senso vero di ciò che i ragazzi hanno scritto a don Ettore e tradurre le loro parole in un linguaggio comprensibile a tutti.

Venticinque anni di attività
L'esperienza della Comunità La Collina

di don Ettore Cannavera

Il carcere così non serve a niente

La nostra specie, *Homo sapiens*, ha non più di duecentomila anni, dicono gli scienziati. E, in tutto questo tempo, il carcere come pena, la segregazione per scontare un reato, è un episodio di respiro temporale brevissimo. Un'invenzione recentissima annunciata come atto di civiltà. Fino a poco tempo fa, infatti, i ladri venivano impiccati, se erano poveri cristi che rubavano per fame. I ricchi non avevano bisogno di rubare e non li impiccava nessuno. Adesso i ladri non li impicchiamo più: li chiudiamo in una cella per qualche anno. Sempre i poveri cristi, beninteso, i ricchi la scampano anche oggi. E il povero cristo, siccome esce dalla galera ancora povero e cristo, ruba nuovamente. Così ritorna in carcere oppure vive rubando e danneggiando la società. Questo lo dicono i numeri: sette detenuti su dieci, a fine pena, escono dal carcere e delinquono di nuovo. Però, ogni anno, in Italia spendiamo in carceri la cifra non disprezzabile di 3 miliardi di euro. Abbondanti. Sorge spontanea una domanda: ci volevano duecentomila anni e l'appellativo di *sapiens*, per inventare una cosa così stupida? Per immaginare un'istituzione che anziché cercare di rieducare i colpevoli di reati e riconciliarli con la società, li immette in un sistema che, nella migliore delle ipotesi, li lascia come sono, ma in realtà li peggiora, ributtandoli a spasso pronti a delinquere? E non si parli di sicurezza: in Italia vengono sanzionati penalmente il 5 per cento dei reati. Il 95 per cento resta impunito. Sarebbe questa la sicurezza?

Sì, prima ancora che disumano, perché lo è, oggi il carcere è fondamentalmente stupido. Non serve a niente e costa un enorme ammontare di denaro: davvero non si può far di meglio?

È la domanda che mi sono posto mezzo secolo fa, quando ho deciso, per libera scelta, sollecitato da un amico, di dedicarmi al carcere minorile. Se possibile, qualcosa di ancora più sciocco e inutile di quello per adulti. E ben più costoso. Ci ho passato gli anni, là dentro, le notti. Rendermi conto che i minori, in quel casermone, non avevano alcuna possibilità di essere rieducati, di ricominciare qualcosa che fosse una vita, a cui avrebbero avuto diritto, e che sarebbe stato utile per la società, non è stato difficile.

Quindi ho preso una decisione: se il carcere era stupido, costoso e inutile, ne avrei realizzato uno io. Utile ed economico, quindi intelligente. E mi sono messo al lavoro.

C'è voluto un quarto di secolo per iniziare e questo può significare almeno due cose: che io non sono poi così intelligente e che inventare un carcere utile – che funzioni, utile per la società – non è un compito semplice. Però sono anche testardo e dopo venticinque anni ci sono riuscito: ho realizzato il mio carcere e l'ho fatto funzionare per un altro quarto di secolo, accogliendo detenuti colpevoli di reati gravissimi. E dopo questo secondo quarto di secolo posso dire, numeri alla mano, che il mio carcere (anzi, il *nostro* carcere, perché moltissime persone mi hanno aiutato e continuano a farlo) funziona e costa molto meno dell'altro. Ripeto, lo dicono i numeri: chi accetta di scontare la pena presso il nostro carcere – posto che l'autorità giudiziaria lo ritenga opportuno e sussistano le condizioni di legge – smette di delinquere e, a fine pena, viene riaccolto nella comunità dei cittadini senza più commettere reati. In confronto al 70 per cento delle case circondariali, il nostro tasso di recidiva è infimo. E scende a zero se il detenuto compie per intero il percorso rieducativo: i pochissimi casi negativi sono tutti ragazzi che, per svariati motivi, hanno lasciato il nostro carcere in anticipo rispetto al necessario.

Ora che venticinque anni di lavoro stanno là a dimostrare che la nostra idea di carcere funziona, è venuto il momento di illustrare ciò che facciamo, di diffonderlo, di invitare altri a seguire la stessa strada: bisogna proporre il nostro modello alla società affinché prenda atto che un carcere utile e logico è possibile. E, per farlo, abbiamo deciso di trasferire in un libro la nostra esperienza. Ma non un libro per gli addetti ai lavori. Non per educatori, sociologi, criminologi, operatori sociali. Costoro sanno già benissimo che il carcere è disfunzionale e conoscono esperienze simili alla nostra, ne comprendono la validità. Sono tutti gli altri che devono essere informati, i cittadini e i politici. I giudici e i poliziotti. Le guardie e i ladri.

Fin dall'inizio è stato chiaro che sarebbe stato necessario descrivere dapprima il carcere segregativo, quello che comunemente chiamiamo «galera». In modo tale che, successivamente, esaminando le nostre metodologie, si potessero trarre conclusioni in merito alla loro validità. Avrei potuto farlo io, il carcere l'ho frequentato per decenni, conoscendo centinaia di reclusi, se una semplice considerazione non mi avesse suggerito di evitarlo: la galera può conoscerla solamente chi l'ha subita. Non ci sono succedanei della segregazione, dell'impossibilità di disporre di sé stessi. Né è possibile immaginare i mille aspetti di una vita in prigionia se non li si è provati direttamente. La cosa più opportuna sarebbe stata affidare l'incombenza a chi avesse avuto la disgrazia di provare sulla propria pelle la sventura di finire dentro.

Il carcere dentro le lettere

Sergio ha accettato di mettere a disposizione la sua esperienza di ex carcerato per cercare il senso della reclusione all'interno delle migliaia di lettere a me indirizzate, raccolte in un quarto di secolo di attività nelle carceri. Sono tutte richieste di aiuto e solo chi avesse visto scriverne di simili dentro una cella, in condizioni inimmaginabili da chi non ci sia mai stato, avrebbe potuto analizzarle, leggendo tra le righe, le parole, le grafie, i disegni, i pezzi di carta di recupero. I sottili segnali del disagio dei drogati, dei disabili psichici, degli stranieri immigrati, le vergogne dei poveri detenuti privi dei mezzi necessari per mangiare ma alla ricerca spasmodica di un francobollo per chiedere aiuto all'esterno.

Sergio ha cercato il carcere dentro le lettere e l'ha raccontato senza sconti, con lucidità. Poi l'ho invitato a passare del tempo nel nostro carcere, nella Comunità La Collina, a Serdiana. Per scrivere il libro Sergio ha accettato di rientrare in carcere. Il risultato è *Chi sbaglia paga*, il libro che pretende di cercare una spiegazione del perché il nostro carcere è logico e utile in contrapposizione a una galera segregativa illogica e inutile. Da una parte la sola segregazione in un ambiente criminogeno, dall'altra una vita ordinata di lavoro e legalità. Anche questa segregativa, beninteso, chi sta nel nostro carcere non è certo libero, ma orientata alla rieducazione. Per inciso, come richiesto dalla Costituzione della Repubblica italiana all'articolo 27.

Il libro parla un po' troppo di me e non ne sono particolarmente contento. Anche quando il presidente della Repubblica Sergio Mattarella mi ha insignito del titolo di commendatore della Repubblica per il lavoro che facciamo in Comunità, gli ho fatto notare di essere solo il direttore di un'orchestra di ottimi musicisti, senza i quali la nostra attività non sarebbe possibile. Loro sono ben più importanti di me. Ma era lo scotto da pagare per spiegare come sono andate le cose, come ci sono voluti venticinque anni per dare inizio alla vita di un nuovo carcere che vorrei contagiasse altre realtà. Non per orgoglio o spocchia, ma perché i numeri, la fredda matematica, dimostrano la possibilità di un carcere utile che dia giustizia ai cittadini e che rieduchi i colpevoli di delitti anche gravi senza sconti, compiendo l'opera vantaggiosa alla società di reimmettere al suo interno persone che si comportino secondo le leggi, dunque senza compromettere la sicurezza collettiva.

Perché un carcere logico è possibile.

Avvertenza

Tutte le trascrizioni vengono riportate in corsivo.

La trascrizione dei testi delle lettere rispetta, per quanto possibile, i manoscritti originali; questa scelta riflette il tentativo di conservare, per il lettore, l'informazione cruciale sul livello di scolarità dello scrivente.

Quindi non si è proceduto ad alcuna correzione o modifica; si è provato a lasciare inalterato anche il rapporto minuscole/maiuscole, spesso interessante suggerimento di improvvisi mutamenti di stati d'animo o di particolari sottolineature.

Le parole di difficile, o impossibile, comprensione vengono sostituite da un punto interrogativo tra parentesi quadre: [?].

Nel caso di dubbi, il testo di cui si ipotizza la trascrizione è racchiuso tra parentesi quadre, seguito dal punto interrogativo: [*testo*?].

Per motivi di privacy, il nome e le eventuali indicazioni che potrebbero consentire di risalire all'identità dello scrivente (indirizzi, numeri telefonici eccetera) sono sostituiti da asterischi.

Nei casi in cui la sostituzione dei dati sensibili con asterischi renda difficoltosa la comprensione del testo, le eventuali note esplicative sono inserite nella trascrizione tra parentesi quadre senza l'utilizzo del corsivo: [testo esplicativo].

Quando ritenuto opportuno, e compatibilmente con le esigenze editoriali, si è provveduto a pubblicare le lettere originali, sopprimendo quanto rilevante ai fini della privacy con un accorgimento grafico.

CHI SBAGLIA PAGA

A G. e Marco,
senza i quali non ci sarebbe stato
questo libro
perché non ci sarei stato
neanche io.

Questo libro

Sono cagliaritano, classe 1953. Laureato in Fisica, mi sono dedicato alla ricerca applicata e allo sviluppo di nuove tecnologie (Research&Development) nell'ambito dei materiali strutturali e funzionali non ferrosi. Ho lavorato principalmente nel Nord Italia, con aziende italiane e multinazionali. Sono titolare di numerose pubblicazioni in riviste scientifiche e tecniche e detentore di svariati brevetti.

Appena compiuti i sessant'anni, incensurato, ho commesso un grave reato per il quale (reo confesso, costituitomi) sono stato incarcerato, visitando mio malgrado due case circondariali (Cagliari e Busto Arsizio, quest'ultima nota per la condanna da parte della Corte europea dei diritti dell'uomo).

Durante la segregazione, sono entrato in contatto con la Comunità La Collina, fondata da don Ettore Cannavera, divenendo collaboratore della rivista trimestrale «La Collina», edita dalla Comunità, per temi inerenti la condizione carceraria.

La collaborazione è poi sfociata nella richiesta di descrivere la Comunità, i principi e le metodiche su cui è basata, a partire da un imponente corpus di lettere indirizzate a don Cannavera e accumulate in un quarto di secolo.

Da questo corpus, preventivamente riordinato e catalogato, sono state estratte alcune missive ritenute utili per la comprensione sia della condizione carceraria, fallimentare nella missione rieducatrice richiesta dalla Costituzione, sia del lavoro svolto dalla Comunità. Quest'ultimo, al contrario, oggettivamente funzionale alla rieducazione, come dimostrato dalle statistiche della recidiva (4 per cento in confronto al 70 per cento del carcere). Naturalmente, per una comprensione del modello rieducativo, ho passato un periodo ospite della Comunità, interagendo con detenuti, operatori, volontari e con l'ambiente nel quale è calato questo particolare «carcere alternativo», in cui sono gli stessi detenuti a limitare la propria libertà in riconoscimento dei torti commessi.

Chi sbaglia paga è il risultato di questo lavoro.

Se si è capaci di leggere

Scrivere per necessità

Quante buste saranno? Forse mille. O più. Sono disposte in mucchietti su un enorme tavolo riunioni; sedici metri quadri di superficie coperti di lettere. Sono arrivate tutte dal carcere e ciascuna contiene un messaggio.

In galera si legge pochissimo, piuttosto si scrive. Non molto, per carità, capiremo il perché e il come, ma si scrive. Essenzialmente per necessità.

Le immagini stereotipate della mensola sospesa sulla branda, con le costole dei libri in bella evidenza, o quelle del detenuto intento a compulsare le pagine di un volume seduto al tavolo di una biblioteca, riguardano la finzione letteraria, il racconto cinematografico, la scontata serie televisiva, la falsa verità di un reality show. Sarà anche vero che c'è chi in galera ci entra con lo zainetto pieno di libri (e non è detto che poi arrivino in cella con lui, se non sono della forma concessa dal regolamento e comunque non nello zainetto, proibito nei reparti) ma costoro rappresentano la minoranza di una minoranza, le sparute pecore bianche in un enorme gregge di pecore nere: osservato da lontano, neppure si notano. E se i componenti di questa sparuta categoria di carcerati scrivono una lettera – e allora non si limitano a una, amano i carteggi ben strutturati, di valore letterario – lo fanno per esprimere concetti raffinati che spaziano dall'osservazione di sé al tentativo di convincere qualcun altro, spesso molti altri, della propria innocenza, dell'enormità subita ingiustamente. Volano alto, e pure per questo sono inessenziali per la gran massa dei reclusi, anche e soprattutto quando pretendono di parlare di loro. In fondo, sono sempre scritti indirizzati a sé stessi. Capita finiscano sui giornali, nei libri, nelle riviste illustrate accanto alla foto di una mano che stringe le sbarre provenendo dalla parte sbagliata della cella. O da quella giusta, dipende dai punti di vista.

Ancora non ho raccolto neppure una di queste buste, tuttavia sono certo, al di là di ogni dubbio, anche irragionevole, che nel marasma disordinato di formati, colori, grafie, e delle più diverse carte, dal giallo dozzinale delle buste commerciali all'ingannevole, elegante écru acquistato in cartoleria, non ne troverò nemmeno una proveniente da un intellettuale, pur inquadrandolo nell'ampia categoria di coloro che una buona fortuna ha dotato di dignitosi strumenti critici per l'interpretazione della realtà. I raffinati carteggi che finiscono nei libri, le «lettere dal carcere» sono tutt'altra mercanzia: qui di fronte a me ho qualcosa di diverso.

La mia convinzione deriva dalla conoscenza del destinatario, un sacerdote, e dal luogo in cui mi trovo, una comunità per la riabilitazione dei detenuti. So per certo che, impazienti di uscire dalle buste, tanto che in parte strabordano oltre i limiti dei lembi incollati, troverò richieste di aiuto. E che sulle prime mi appariranno ripetitive, al limite del modulo precompilato. Non potrebbe essere altrimenti per chiunque non abbia sperimentato di persona lo stato di cattività in una cella, costretto alla convivenza forzata in uno spazio angusto con altri disgraziati come lui: ognuno titolare di una storia in apparenza banale, se non fosse una vita umana che la legge e le buone norme di convivenza civile imporrebbero dignitosa, dunque meritevole di approfondimento, di ascolto. Soltanto quando lo si fosse provato sulla propria pelle dentro la singola storia scontata che ha portato un essere umano a perdere un bene così prezioso come la libertà, apparirebbero le infinite facce di una vicenda unica che solo la distrazione dei fortunati o dei *buoni* – e chissà cosa mai significa davvero questa parola – può confondere con la banalità.

Qualcosa di diverso

Chiarito questo, all'interno di ogni busta e, prima ancora, nello stesso involucro che racchiude il messaggio, la ripetitività contiene il percorso di vita peculiare e irripetibile di un detenuto. Un percorso tanto importante da trasudare inconsapevolmente dalle parole spesso sgangherate, manifestandosi per altre vie: dalle omissioni, dalle grafie, dalle palesi falsità, dagli accomodamenti, dalle citazioni grottesche, fino alla stessa materialità del supporto utilizzato per spedire l'invocazione di aiuto. Le buste, i francobolli, i fogli strappati ai quaderni, forse rubati ai compagni, le pagine sottratte a un'agenda, una locandina di cui si è utilizzato il retro per vergare il messaggio, scomposti brani di carta lacerati in fretta e affidati al servizio postale. Tutto è racconto, tutto è narrazione del proprio stato, del rapporto con la costrizione e della costrizione stessa, della galera, se solo si è capaci di leggerlo. Di ascoltare.

Sono rimasto solo nella stanza. Il destinatario delle lettere mi ha accompagnato di fronte al tavolo coperto dai frammenti di vite altrui ed è andato via. Mi ha chiesto di leggerli e trasferirli in un libro che parli di loro, delle vite di e da reclusi, e di una comunità di recupero per detenuti in procinto di compiere il venticinquesimo anno di lavoro; un quarto di secolo speso a ricomporre una sorta di relazione tra le vite di esseri umani, colpevoli per un'uscita dalle regole condivise di convivenza della società, e il consesso umano da cui sono stati espulsi e con il quale dovranno necessariamente confrontarsi alla fine della pena. Mi trovo in una prigione, anche se non si direbbe.

Non ci sono sbarre. Lo sfondo che inquadra il tavolo con i mucchietti disordinati di lettere, accomunate dall'unica costante di provenire tutte dal carcere, è una parete di vetro affacciata su un ulivo secolare, un migrante arrivato suo malgrado dalla Spagna per piantare radici in questo luogo e viverci ancora a lungo. Foglie scosse dal maestrale di cui si intuisce il fruscio, ondeggianti su un prato verde che scurisce nel crepuscolo di un bellissimo tramonto dietro le colline. Un carcere ben strano, questo, gonfio di bellezza e serenità. Di silenzi. Eppure durissimo, come si vedrà, se è capace di portare a termine il compito difficoltoso di accompagnare fino in fondo chi abbia l'avventura di frequentarlo, cioè fino al recupero di una vita dignitosa in cui il crimine venga definitivamente messo da parte, relegato in un passato da non dimenticare ma elaborare con cura, comprendere e rendere punto di forza per un futuro possibile, probabile e infine certo.

Su cento che entrano nel carcere fatto di sbarre, manette, dignità smarrita e assistenzialismo (quello dal quale provengono le lettere di fronte a me), oltre settanta poverini ci ritornano. Assai spesso più di una volta. Ci tornano perché, finita la pena, delinquono nuovamente, come se il periodo trascorso in prigione fosse stato null'altro che una sosta in un cammino obbligato di criminalità. In quest'altro luogo, invece, senza sbarre e con le porte rigorosamente aperte a cominciare dal cancello d'ingresso, in cui la detenzione è prima di tutto percepita come impegno personale al rispetto delle regole, senza necessità di manette o cavigliere elettroniche, su cento che entrano e compiono il pesante cammino previsto dal disciplinare di recupero, ce ne sono quattro che non ce la fanno e ci ricascano. *Quattro*: da confrontare con i settanta di prima. Quale dei due funziona meglio? Quello becero tutto chiavistelli che stridono e che reimmette nella società persone propense al reato, oppure la versione che restituisce all'esterno individui finalmente dotati della capacità di inserirsi stabilmente nella comunità dei cittadini, svolgendo un'esistenza che definiamo «normale», cessando di delinquere?

Chissà quanto costerà alla società tutto questo, ci si potrebbe domandare, quanti denari bisognerà sprecare per ottenere il risultato di correggere i delinquenti convincendoli che la vita dev'essere vissuta senza violenze, ruberie, spaccio, omicidi e rapine! Nonché truffe e corruzione, se anche questi reati venissero puniti sul serio. Quanto ci costa mantenere un detenuto in un posto in cui può ammirare un ulivo secolare e apprezzarne la bellezza? Camminare in corridoi sfiorando armadi colmi di libri? Libri!? Non potremmo spendere i quattrini, di certo tantissimi, per altri che se lo meritano maggiormente?

Sì, naturalmente. Non fosse che un detenuto rinchiuso da sé in questo carcere senza sbarre costa alla collettività la metà di ciò che si spende per l'altro, quello cazzuto di ferro e cemento armato che lo terrà blindato in una cella, sì, ma solo per risbatterlo fuori delinquente quanto prima; o peggiore, in effetti. Pronto a riprendere le malefatte per le quali è stato gettato (a norma di legge, non dimentichiamolo) in galera. A marcire, direbbero in tanti. Peccato che il marcito esca, presto o tardi, a meno di prevedere la pena di morte o l'ergastolo a partire dal furto di un etto di prosciutto.

Perché la galera?

Qual è, allora, la ratio della casa circondariale, della galera? Qual è il senso della detenzione anche al di là dell'articolo 27 della Costituzione repubblicana che recita: «Le pene non possono consistere in trattamenti contrari al senso di umanità e devono tendere alla *rieducazione* del condannato»?

Qual è la convenienza della società, della collettività dei cittadini, nel tenere in gattabuia una gran massa di esseri umani, spendendo cifre iperboliche, con la certezza che ne usciranno, nella migliore delle ipotesi (poco probabile), esattamente come ci sono entrati, pronti a riprendere il crimine? Non sarebbe più logico, o meno stupido, spendere meno e *rieducare* i detenuti, come mostra di saper fare questo bizzarro posto ricco di ulivi e bellezza, diminuendo il numero di delinquenti a spasso a tutto vantaggio della tanto invocata sicurezza? E tutto ciò senza le ubbie buoniste dei radical chic, sempre pronti al perdonismo esasperato, o dei soliti preti d'assalto con il Vangelo in mano: solo sana, italica, fondata concretezza. Soldi, insomma.

Mi pare di udirlo, il demagogo di turno, che tra un tweet e un post su Facebook, una foto su Instagram e un messaggio su Telegram, tuona alla televisione: è ora di finirla con la pacchia delle carceri, che ci costano 135 euro al giorno per detenuto e prevedono anche la televisione a colori in cella! Da ora in poi spenderemo la metà, perché chi sbaglia paga!

Bene, sono d'accordo: spendiamo la metà, abbondiamo e facciamoli anche lavorare, così imparano. Altro che oziare tutto il santo giorno in branda tra una partita a carte e una visita alla sala hobby per far finta di dipingere un quadro. E niente televisione in camera: chi si credono di essere? Il signor demagogo si preoccupa se, come corollario, riusciamo anche a far sì che diventino persone migliori, o questo non è rilevante? Non è interessato? Fa nulla, lo siamo noi. Mandateli in questo posto, previa verifica delle loro reali intenzioni (perché anche se il posto è bello, o forse proprio perché è così bello, non è facile entrarci, bisogna dotarsi di volontà forte), e avrete ciò che aspettate: qui lavorano, pagano il proprio mantenimento, non mangiano a ufo come in carcere; osservano regole ferree di comportamento in tema di rapporti umani, non sono liberi di andare dove credono e la televisione, solo una per tutti, è concessa per pochi minuti al giorno, nella sala comune; e poi presto a letto e presto in piedi perché si lavora, ergo sveglia alle sei e mezzo. Tanto è duro, questo carcere così bello, che certuni rinunciano e preferiscono le sbarre, la cella, a dimostrazione che per uscire dalla collana senza fine di carcerazioni e delitti ci vuole una forte volontà, una gran convinzione ma, soprattutto, un'opportunità.

Certo, se poi si desidera ardentemente che il detenuto soffra – violando la Costituzione che lo vieta, detto per inciso – allora è un altro paio di maniche. Spendiamo e spandiamo pure, facciamoli soffrire. E poco importa se saranno soldi buttati via e se, a fine pena, avremo ottenuto il prestigioso risultato di rimettere in giro delinquenti provetti che causeranno danni alla comunità, insicurezza e altre spese, tra forze dell'ordine impegnate a catturarli e carceri che dovranno, posto che si riesca ad acciuffarli, tenerli segregati ancora una volta. In attesa della successiva, come un'infinita partita a *Monopoli* in cui il passaggio dal via venga ogni tanto interrotto da una sosta in prigione, poi si riprende come prima.

Su questo poco si può fare. Se è la vendetta, l'odio, la rabbia a guidare le azioni dei cittadini, allora non c'è ragionamento che tenga, il livore cancella tutto e tutto abbatte.

Eppure anche per questo possiamo provare a suggerire domande scomode. Ad esempio: siamo poi così sicuri che la sofferenza che riteniamo di imporre ai detenuti colpisca i delinquenti più pericolosi? Quelli che hanno, più di altri, causato sofferenza alle persone che altra ne chiedono in cambio? O non sarà che, come nella nostra società di cui ci dichiariamo tanto orgogliosi da invocare vendetta contro coloro che ne violano le leggi, è in fondo sempre il debole che finisce per pagare il prezzo più elevato? L'ultimo, il reietto?

Il carcere sulla propria pelle

In tutto questo muoverci attorno alla galera e richiederla come panacea vendicativa c'è un punto che sfugge costantemente all'attenzione di tutti: come davvero sia la detenzione è faccenda oscura, salvo per coloro che l'hanno provata sulla propria pelle. Non ci sono libri, giornali, periodici o romanzi che ne rendano il senso profondo, per non parlare delle stucchevoli rappresentazioni televisive o cinematografiche, tanto lontane dalla realtà da risultare offensive della dignità umana. E se qualcuno esce di galera latore di una sorta di epica carceraria – accade anche questo, purtroppo e neppure di rado – è solo il sintomo che la prigione gli ha causato un gran danno, perché neppure ha capito ciò che gli è accaduto ed è pronto a ritentare la sorte nell'illusione di evitare di tornarci. Come dire che se anche a chi è capitato di passarci può succedere di non capirne nulla, figurarsi a chi ne legge sui libri scritti da quanti non hanno mai visto una cella, annusato un reparto, provato l'esperienza sconvolgente dell'ora d'aria chiusi in una scatola di cemento priva di coperchio: spazio surreale che ricorda la gabbietta con la ruota dello scoiattolo in cattività, obbligato a correre per restare eternamente fermo nello stesso posto. E a chi neppure se ne interessa, convinto com'è di sapere cosa sia senza averne idea, senza sapere che la galera è prima di tutto intrisa di illegalità spicciola fino ai minimi dettagli della vita quotidiana.

Non è agevole affermarlo, ma per comprendere cosa possa essere la detenzione nel sistema carcerario nazionale è necessario chiederlo ai carcerati e avere l'enorme pazienza di ascoltarli. È il passo più difficile da compiere, perché, al contrario di altre sofferenze – in prigione si soffre, anche se non tutti allo stesso modo –, quello del carcere è un travaglio che può apparire meritato come una dura lezione. E tuttavia i numeri impietosi sconfessano questa lettura: se fosse una lezione, ci dovrebbe essere il relativo imparare, mentre l'ossessivo balletto del continuo ritorno in carcere, il dramma della recidiva, dimostra senz'ombra di dubbio il fallimento della scuola, della lezione e degli insegnanti. Ovvero, sia di quelli direttamente impegnati tra le mura delle carceri sia dei loro mandanti, i cittadini, convinti di perseguire le giuste soluzioni che invece scontano le manchevolezze di un sistema disfunzionale.

Perché un cittadino dovrebbe porsi il problema di ascoltare un delinquente, mentre è così semplice tagliare il problema con la scure e lasciare al sistema carcerario il compito di garantire legalità e sicurezza?

La risposta è semplice e allo stesso tempo complessa: perché la galera, per come è strutturata, non funziona e costa un occhio, producendo illegalità e insicurezza, mentre altre risposte, ad esempio quelle con gli ulivi al posto delle sbarre, paiono funzionare egregiamente, costano meno e producono, oltre all'auspicabile rieducazione dei carcerati, una cascata di altri effetti positivi a tutto vantaggio della collettività.

C'è anche un altro aspetto che non va taciuto, pur se esterno alla sfera della mera convenienza: è profondamente ingiusto imporre una sofferenza a un essere umano, per di più gratuita e priva di uno scopo. Non è solo il Vangelo che lo impone, gran parte delle religioni difende il diritto umano alla dignità. Ed è un principio condiviso al di là dei culti, come un dato basilare della convivenza: infatti ci siamo dati, noi comunità degli esseri umani, leggi e trattati internazionali che lo affermano, nella profonda convinzione che una vita basata su questo assunto sia migliore per tutti.

Per questo adesso proveremo a dar voce ai detenuti, a spiegare tramite il loro scrivere cosa sia il carcere e, prima ancora, a delineare possibili spiegazioni del perché si arrivi a condurre una vita di illegalità che abbia come conclusione la detenzione. Siamo ben consapevoli della difficoltà del compito, ma del resto non è faccenda agevole neppure accompagnare un carcerato in un percorso di rieducazione. Al reo si richiede la medesima convinzione iniziale, un atto di fede, che ora ci permettiamo di domandare al cittadino propenso all'ascolto.

Perché così il carcere è privo di senso

L'obiettivo, pretenzioso, è comprendere perché il carcere, nell'attuale interpretazione della pena, sia nella sostanza privo di senso, se non profondamente stupido. A partire da qui, successivamente, compiremo l'azzardo di cercare nelle pieghe di una Comunità di rieducazione per detenuti ciò che al carcere manca, proponendo quindi una strada possibile, probabile, certa – il carcere alternativo degli ulivi –, analizzando i motivi grazie ai quali esso funziona come richiesto dalla Costituzione. Con il corollario di un trattamento umano e dignitoso dei rei, nonché di altri benefici per la collettività di cui poco si parla ma che, soprattutto in periodi tendenzialmente oscuri come i primi decenni del nostro secolo, non appaiono di secondaria importanza: la possibilità di nuove opportunità di impiego più complete e appaganti di quanto proponga l'attuale mercato del lavoro. E anche la spinta a una maggiore cura del territorio, così affaticato dall'impatto antropico e spesso in via di rapido decadimento, come evidenziano in maniera crescente le problematiche e sciatte periferie urbane, esse stesse fonte di disagio e crimine.

Mentre mi guardo attorno, lasciando che gli occhi scivolino sulle buste accatastate sul tavolo, l'imbrunire ha preso il sopravvento e accendo le luci; presto o tardi dovrò leggere il contenuto delle lettere, intrufolarmi nella vita altrui: storie, prevedibili richieste, speranze, rimpianti, promesse vane; preghiere accorate, giuramenti, giustificazioni, farneticazioni.

Mi casca in mano una busta che a un estimatore delle curiosità carcerarie (non sono pochi a collezionarle, emuli di Lombroso) apparirebbe una chicca degna di considerazione. È stata prodotta piegando un foglio strappato da un blocco a quadretti; i bordi sono stati poi incollati così da ottenere un contenitore adatto alla spedizione postale.

A un occhio impreparato, un occhio che non è mai stato in una cella, ciò potrebbe apparire una stranezza; il tentativo, forse riuscito, di attirare l'attenzione del destinatario con un gioco. Al contrario, a saper leggere dietro le apparenze, c'è tutta una storia da afferrare prima ancora di estrarre il contenuto dalla busta, prima delle parole.

Il senso di questo foglio di carta a quadretti piegato alla bisogna non sta nell'ironia, nel desiderio di farsi notare, di inventare un calembour cartaceo capace di impressionare il destinatario. La squallida realtà è che il mittente non possiede il denaro sufficiente all'acquisto della busta, dunque deve inventarsene una; e neanche questo come si vedrà, risulta agevole. In teoria, a norma di legge, la galera dovrebbe garantire il diritto alla comunicazione; recita infatti l'articolo 18 dell'Ordinamento penitenziario (*Colloqui, corrispondenza e informazione*) al comma 4: «L'amministrazione penitenziaria pone a disposizione dei detenuti e degli internati, che ne sono sprovvisti, gli oggetti di cancelleria necessari per la corrispondenza».

M'immagino la faccia di un agente di polizia penitenziaria a spasso per il corridoio al quale un detenuto chiuso in cella domandi carta da lettera, penna, una busta per la spedizione e magari, perché no, anche un francobollo. Potrebbe ridere, o irritarsi ritenendola una presa in giro; forse risponderà di compilare la *domandina* (il «Modulo 393» dell'amministrazione penitenziaria, ovvero la panacea universale cui il detenuto affida le proprie richieste alla direzione) e consegnarla al *jolly* (il detenuto incaricato delle incombenze spicciole) a fine giornata, quando si raccolgono le cartacce contenenti le necessità dei carcerati da passare agli agenti nella speranza vengano accolte. Sapendo che la domanda verrà, nel migliore dei casi, ignorata, perché il carcere, in realtà, non fornisce alcuna cancelleria e cara grazia se concede la carta per la toilette. Mica sempre, mica ovunque. Lasciamo da parte la logica perversa che richiede la necessità di disporre di una penna con cui compilare la richiesta per domandarne l'uso!

Non c'è bisogno di aprire la busta per comprendere le difficoltà del mittente; lo vedo distintamente agitarsi nella cella, chiedere ai compagni il *prestito* di una busta, di un foglio di carta e di una penna. E poiché la data è quella del 2003 – la sentenza Torreggiani è ancora di là da venire, ci vorranno altri dieci anni –, vige il sistema delle celle chiuse nelle quali i detenuti passano ventidue ore al giorno, spesso accatastati gli uni sugli altri come polli in batteria. Quindi, se in cella trova poca rispondenza ai suoi bisogni perché i compagni di sventura sono nelle sue stesse condizioni o stanchi e nervosi, stufi di rifornire un compagno privo di mezzi, non avrà altra possibilità se non dilazionare la necessità di inviare una lettera e arrangiarsi. Agli incontri dei detenuti all'aria mendicherà questa benedetta busta a una platea di maggiori dimensioni, sperando in un esito positivo per il quale, tuttavia, dovrà attendere la disponibilità e la buona grazia di qualcuno che si ricordi di lui a distanza di ore e ore. Nessuno va all'aria con una busta vergine in tasca, e perché dovrebbe? Quindi, quel qualcuno dovrà ricordarsi all'uscita successiva, se ci sarà, di aver promesso una busta e un foglio di carta. E forse una penna, della quale il possessore non si priverà per un prestito: ne pretenderà l'uso contestuale nel cortiletto angusto dell'aria, qualunque sia la condizione atmosferica e in questo caso al freddo di febbraio, come indica la data del timbro postale. Il nostro eroe scriverà seduto per terra sul cemento gelato, adoperando le ginocchia come tavolino o contro il muro, se non sarà bagnato e la penna non farà le bizze per la scomoda posizione orizzontale.

C'è tutto il faticoso armeggiare di un essere umano in difficoltà, dietro questa busta, l'ansia incombente di non riuscire a spedire la lettera che conterrà di certo un testo importante, una richiesta di aiuto, di denaro o di accoglienza, assieme alla necessità di essere ascoltati per convincere sé stessi di essere ancora esseri umani meritevoli di attenzione. Non si può fare a meno di spedire, costi quel che costi; e vai a sapere con quale difficoltà abbia reperito il vasetto di colla o lo stick costosissimo da acquistare rigorosamente attraverso il meccanismo della spesa individuale. Quanto avrà dovuto insistere e come glielo avranno fatto pesare! Potrebbe essere più chiaro quel «PAGAMENTO AL DESTINATARIO» vergato in lettere maiuscole al posto del francobollo? Ha chiesto per ore, in cella, insistendo, professando l'intenzione di restituire il prestito e non è stato creduto. Magari non era la prima volta, e i compagni erano stufi di foraggiarlo. Forse neppure potevano, perché a volte anche poche frazioni di euro fanno la differenza tra una giornata con un paio di sigarette di pessimo tabacco, malamente rollato in una cartina scadente, e una giornata senza fumo.

La lettera a don Ettore

Scosto i lembi della busta autoprodotta, estraggo la lettera e leggo:

> *Caro Ettore, ti scrivo perché, magari sei la persona, che mi potrebbe aiutare, soltando, ascoltandomi. Non mi rispondi da molto tempo, chi sa, tutto quello che hai da fare. Lo sai da poco, ho visto, il film, di PAPA GIOVANNI 23°. Non so, se era, come lo descriveva il films, ma se era così, doveva, essere, un uomo stupendo, tutto era possibile da fare, con la chiesa, per la sua bontà, nella gente, e la fiducia, in Cristo, senza dubi. La prossima lettera, tu che sei un parroco, spiegami come era, e che differenza ce, tra lui, e quello che abbiamo ora, non voglio offendere, chi è meglio, o chi è peggio, ok. Ettore con tutte le lettere che ti ho chiesto, 1 JINS, e un maglione, i JINS BLU SCURO, e un maglione come voi la TG 52 JINS e il maglione L. e poi ti avevo chiesto il libro, che parla, della tua comunita, comunque non costa niente rispondere, alla lettera, non credere come mi sento chiedere, la roba che ti sto chiedendo, non ti chiedo soldi che, mi servono per vivere, non ho un centesimo, i miei compagni si sono scocciati, di darmi sigarete, e di darmi da mangiare. Io non sono raccomandato come ***** *****, che è senza famiglia, anchio non ho famiglia, e non mi mettono a lavorare. Comunque, ogni tua lettera chede 1 dove mi dici, che ti fa piacere sapere di me, ma tu, non rispondi, e poi mi mandi una cartolina di auguri a fine gennaio. Comunque se ti da fastidio, che ti chiedo, di comprarmi un poco di LEWIS o WLANGLER, e un maglione, scrivimelo, perche se non ho risposta subito di questa lettera, perche io scrivo per sfogare tutto il mio dolore, e poi non ricevo niente, neanche una lettera, mi scoccio, perche devo farle io le buste, e poi chiedo francobolli, già usati, e li riciclo per voi, ma voi tuto questo e facile, avete tutto, non vi manca niente, beati voi, e poi devo fare mia culpas.*

Ora ti saluto con amore di Cristo
Ma se non mi scrivi, io non ti scrivo più ok.
Ciao

(Presumibilmente carcere di Cagliari – Buoncammino, data attorno all'inizio di febbraio 2003)

Deludente? Solo un delinquente furbetto che cita Gesù Cristo e papa Giovanni XXIII per spillare al prete, destinatario della lettera, *1 JINS marca LEWIS o WLANGLER* e un *maglione taglia L*?

No: in questa lettera apparentemente così scontata – in fondo sembrerebbe un mascalzone sfaticato che cerca di sfruttare un sacerdote, facendo leva su Gesù, per farsi acquistare un paio di pantaloni di marca – c'è una bella fetta del dramma del carcere, per quanto riguarda sia la disumanità del trattamento detentivo, sia la tanto sbandierata rieducazione. Però bisogna saper leggere.

Ad esempio: lasciamo perdere le sigarette, smettere di fumare non potrebbe fargli che bene. Ma che dire dei suoi compagni di prigionia che si sono *scocciati* di dargli da mangiare? Chi nutre i detenuti? Non dovrebbe pensarci l'amministrazione penitenziaria spendendo qualche euro dei famosi 135 giornalieri destinati a ciascun carcerato?

Sì, il carcere passa una colazione (latte e caffè poco zuccherati), un pranzo (primo, secondo, contorno), una cena (primo, secondo, contorno, pane, frutta). Ottimo e abbondante.

Ma allora perché parte dei carcerati accede al servizio di sopravvitto acquistando generi alimentari (e altro, come si vedrà) e cucina i pasti in cella utilizzando un fornello da campeggio (anch'esso acquistato in carcere, come la bomboletta del gas)?

A farla breve, perché il vitto è di norma pessimo e certi elementi che diamo per scontati sulla nostra tavola sono sconosciuti. Ne citiamo qualcuno? Sale, zucchero, acqua, aceto, olio. Ci sarà pure un contorno, ma è scondito. A volte il contorno è una grossa carota cruda... intera! (E i coltelli metallici sono banditi.) L'acqua è quella del rubinetto, anche se al limite della potabilità. Dal pranzo alla cena, se non si hanno le risorse necessarie, non si beve un tè, un caffè, una tazza di latte. E lo stesso dalla cena alla colazione dell'indomani.

C'è di più: il cibo è scarso. In un reparto in cui vivano molti carcerati in grado di acquistare il cibo, quanti hanno difficoltà economiche riescono a mangiare a sufficienza, perché il vitto carcerario viene suddiviso tra un numero di detenuti inferiore al previsto. Ma nel caso in cui non sia così – e succede ad esempio nei reparti ad alta concentrazione di extracomunitari, in cui pochi possono permettersi il sopravvitto – si patisce la fame.

In genere, se in una cella capita un poveraccio senza mezzi, per brevi periodi si tende a dargli una mano, a cucinare un piatto di pasta alla carbonara anche per lui; ma se la situazione perdura, come segnala la lettera, i compagni di cella a un certo punto si *scocciano* e smettono di foraggiare lo squattrinato. Che vive la dimensione del clochard in galera.

Ben gli sta, si potrà dire, così impara a delinquere: che soffra per comprendere cosa succede quando si commettono reati!

Lezioni di illegalità

Ma siamo sicuri? Qual è in effetti la vera lezione che stiamo impartendo a questo poverino costretto a elemosinare il cibo, un paio di sigarette e un po' di abbigliamento?

Ciò che impara è che in carcere è meglio finirci con i soldi che senza, perché chi in galera può spendere non se la passa poi così male, e di sicuro meglio dei poveracci. Certo, non c'è libertà e non ci sono le donne (si rimedia con l'onanismo e l'omosessualità) ma per il resto si mangia, si dorme, si svolge attività fisica in palestra o in cella, si guarda la televisione, si gioca a carte, si ride e si scherza. Come stare in collegio. Non manca neppure lo sballo, se si hanno i soldi, come dimostrano gli scandali ricorrenti segnalati dai mezzi di informazione. Ma chi può disporre di denaro per cibi, bevande, sigarette e una pista di bamba? I delinquenti che hanno fatto i soldi e li hanno messi da parte prima di finire dentro, oppure coloro le cui famiglie hanno disponibilità economiche. Nel primo caso il carcerato sfrutterà il denaro accumulato illecitamente, nell'altro si disporrà ad accumularne non appena uscito per rifondere gli sforzi della famiglia.

E che lezione avrà imparato il nostro squattrinato detenuto che ha *scocciato* i compagni di cella? Non certo che a fine pena sarà il caso di mettersi a lavorare e rigare dritto: piuttosto si disporrà, anche lui, a rendere sé stesso un delinquente di maggior successo, perché loro stanno bene pure in galera. La lezione è che la galera è afflittiva per chi non è un buon delinquente, ergo è bene diventarlo.

Il punto, a ben vedere, non è tanto la disumanità di tenere dentro un poveraccio e nutrirlo da schifo, negargli le sigarette e un abbigliamento dignitoso (e tante altre cose, purtroppo), quanto mostrargli che la galera non è uguale per tutti: per certi è molto più uguale che per altri. Se si è delinquenti di successo (ad esempio grossi spacciatori con il gruzzolo al sicuro) si sta molto meglio. Cosa potrebbe pensare un piccolo spacciatore preso con dieci bustine d'erba in tasca e finito dentro senza un soldo e senza famiglia? Che quando esce farà di tutto per salire di livello: spacciando di più.

C'è anche altro, tutto nelle poche righe che paiono semplicemente una richiesta per avere un paio di *JINS*: come sarà la vita quotidiana di costui? In carcere non lo fanno lavorare, solo pochi fortunati ne hanno la possibilità; pertanto non può acquistare quanto gli occorre per la vita di ogni giorno. Non a caso se ne lamenta citando per nome un carcerato, che ritiene privilegiato, cui hanno assegnato un compito retribuito. Dunque niente sapone, spazzolino da denti, detergente per le stoviglie, biancheria, abbigliamento. Il carcere non gli passa neppure un asciugamano: fosse per loro (la direzione, l'ente dislocato in un empireo inconoscibile) potrebbe benissimo fare a meno di lavarsi e cambiarsi le mutande. Talvolta perfino di pulirsi il sedere.

Eppure, in qualche maniera, dovrà adoperarsi per rimediare, dovrà *arrangiarsi*. Mendicherà qualcosa dai compagni di prigionia, finché non ne potranno più e lo tratteranno da pezzente. Si rivolgerà alle associazioni di volontariato che operano nelle patrie galere, ma anche in questo caso sarà tutto in salita, visto che la disponibilità delle poche cose da distribuire (abbigliamento di seconda mano, spazzolini da denti di pessima qualità, scarpe fallate che si aprono dopo pochi giorni d'uso, orribili detergenti che irritano la pelle, qualche asciugamano) è limitata, quindi gli accessi alle distribuzioni sono pochi e diradati nel tempo. Con il risultato che per accedervi è necessario impadronirsi di meccanismi truffaldini: conoscere la gente giusta, avere qualcosa da dare in cambio. In poche parole: brigare per avere quanto necessario a spese di altri che rimarranno a bocca asciutta.

Disumanità? Certo, ma anche una bella lezione di illegalità impartita dal carcere. Ancora non sappiamo cos'abbia combinato il nostro amico amante dei *JINS* per finire in cella, ma possiamo essere certi che abbia violato la legge, si sia *arrangiato* a scapito di qualcuno. Ovvero esattamente ciò che deve fare per sopravvivere una volta in carcere. E mentre fuori ha forse avuto una possibilità di scelta – forse sì, forse no, cercheremo tra le mille lettere e vedremo se sia possibile ricostruire una storia –, dentro la prigione è sicuro di non averne: deve comportarsi secondo un codice illegale oppure restare nudo, sporco e affamato. Questo glielo impone la prigione.

> *... ma voi tuto questo e facile, avete tutto, non vi manca niente, beati voi, e poi devo fare mia culpas.*

Sì, per la maggior parte delle persone la vita è incredibilmente facile, sebbene spesso non se ne renda conto, perché non manca nulla e non si è mai soddisfatti. In galera è diverso e bisogna anche fare *mia culpas*.

Su questa lettera ci si potrebbe soffermare ancora a lungo, ci sarebbe tanto da raccontare: la commovente minaccia di troncare la relazione epistolare; il desiderio violento e incontenibile di essere considerato, di essere ascoltato. Ma anche il foglio a quadretti rubacchiato, o mendicato, sai la differenza, a un compagno in grado di acquistarlo; il testo ordinato e privo di ripensamenti che indica una brutta copia preesistente da cui si è copiato per stendere la versione finale da inviare. C'è una sola correzione, infatti, che è chiaramente un errore di copiatura. Insomma, ha usato ben tre fogli, chissà poi da dove avrà preso questa gran quantità di carta: il primo per organizzare la missiva, il secondo per volgerla in bella, il terzo per la busta. Questa è una lettera esito di un'elaborazione attenta, è una comunicazione ritenuta importante su cui deve aver riflettuto a lungo, con quell'incipit tutto religione e papa Giovanni che conduce alla richiesta del *JINS*.

Un errore non si deve commettere: ritenere che il mittente chieda pietà. Niente di più falso. Ciò che domanda è dignità, il minimo sindacale per essere considerato un essere umano: cibo, abiti, igiene e vizi (le sigarette!), nonché, fondamentale, il diritto di essere ascoltato, di poter comunicare a qualcuno il proprio stato esistenziale così compromesso.

Non sappiamo quali e quanti reati abbia commesso, se gravi o meno, se abbia scontato una lunga pena e sia in procinto di lasciare il carcere o abbia ancora lunghi anni da trascorrere dietro le sbarre. Da come scrive, da ciò che racconta, si potrebbe ipotizzare una storia, ma non è necessario: ciò che è certo è il suo essere debole, in condizione di dipendere completamente dagli altri, di dover abdicare alla propria dignità chiedendo l'elemosina per non perire.

Ancora una volta c'è di più: in tutta evidenza, non si rende conto del male che gli sta causando la permanenza in carcere, quel suo continuare a vivere, all'interno della prigione, nello stesso stato esistenziale che ce l'ha condotto.

Un urlo per avere attenzione

Per questo propongo di evitare di chiamarla lettera, comunicazione, richiesta, missiva, stratagemma o chissà che altro: il suo è un urlo per richiedere attenzione. E queste buste di fronte a me, indirizzate allo stesso prete e provenienti dalle stesse galere, contengono tutte le urla degli ultimi, dei poveri, dei disperati costretti in cattività. I detenuti forti, e ce ne sono, non hanno bisogno di urlare perché plasmano la galera a proprio uso e consumo.

In prigione il tono della voce è indice di gerarchia: chi ha necessità di strillare per farsi sentire porta in tasca poco potere, l'urlo è l'ultima possibilità. Né i forti, i veri delinquenti da temere, scrivono al prete per chiedere un paio di *JINS taglia 52* e un *maglione taglia L.* E se hanno bisogno di una scappatoia per uscire dal carcere e illudersi di trovarla in una comunità, se ne occupa un avvocato profumatamente pagato, scegliendo la giusta sistemazione.

Quindi, se davvero abbiamo intenzione di capire cosa sia il carcere e chi colpisca duramente, ma anche di conoscere quali dinamiche coinvolgano i poveracci che ci finiscono dentro, apprestiamoci ad ascoltare le urla degli ultimi e sforziamoci di capirle. Non sarà facile.

Caro Ettore, chi ti scrive sono io...

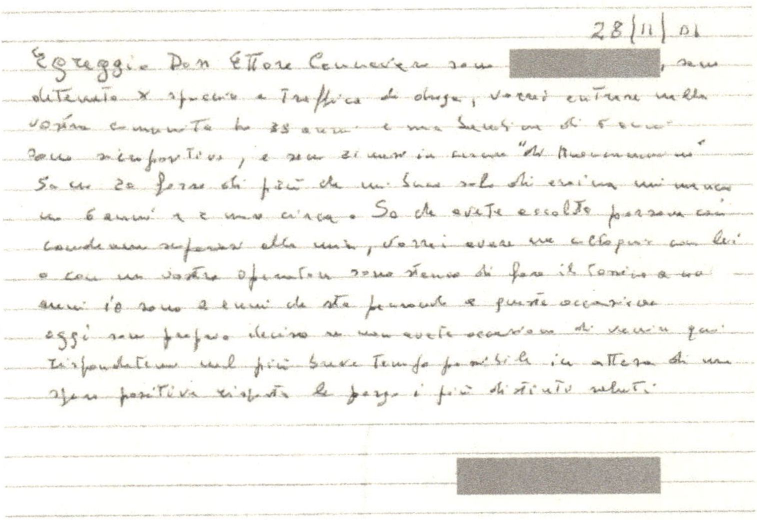

28/11/01

*Egreggio Don Ettore Cannavera sono ***** *****, sono detenuto x spaccio e traffico di droga, vorrei entrare nella vostra comunità ho 39 anni e una bambina di 6 anni sono sieropositivo, e sono 21 mesi in carcere «di Buoncammino»*
Sono 20 forse di più che mi buco solo di eroina mi mancano 6 anni e tre mesi circa. So che avete accolto persone con condanne

superiori alla mia, vorrei avere un colloquio con lei o con un vostro operatore sono stanco di fare il tossico a 40 anni io sono 2 anni che sto pensando a questa occasione
Oggi sono proprio deciso se non avete occasione di venire qui rispondetemi nel più breve tempo possibile in attesa di una spero positiva risposta le porgo i più distinti saluti.

***** *****

(Carcere di Cagliari – Buoncammino)

Scrivere, in carcere, è una necessità vitale. Lo sarebbe anche leggere, non foss'altro per interpretare le bizzarre carte elargite da magistrati e avvocati, le sentenze, pronunce, ordinanze, deliberazioni, redatte in un linguaggio oscuro dal lessico perversamente beffardo, apparentemente studiato ad arte per risultare incomprensibile. Non è infrequente il caso in cui il destinatario di una carta non ne comprenda il contenuto e sia costretto a rivolgersi, fidandosi del giudizio altrui, a chi si dichiari in grado di aiutarlo. Spesso a sproposito: in galera è diffusa l'evenienza di quanti scontano una pena o subiscono una restrizione della libertà senza una piena coscienza dei motivi addotti dai magistrati. Si viene condannati senza venire a conoscenza delle motivazioni, quelle vere, sulla base delle quali il giudice ha pronunciato la sentenza.

E non è solo l'impenetrabilità dei tecnicismi, la citazione di articoli e commi del Codice penale o dei Regi decreti del secolo breve: è la capacità di interpretazione di un testo di media complessità, già così compromessa nella società italiana, che in carcere crolla a livelli infimi, divenendo norma condivisa. In carcere non si legge perché non si è imparato a leggere, con il risultato che non di rado il detenuto si convince di aver commesso un reato diverso da quello che lo tiene dietro le sbarre, inconsapevole della gravità di quanto combinato e impossibilitato a elaborare gli esiti del proprio comportamento.

La difficoltà nell'interpretazione di un testo si riflette, inoltre, in quella di accedere ai propri diritti (che non cessano del tutto durante la reclusione) nonché di conoscere i propri doveri, quanto ci si aspetta dai reclusi in termini di comportamento. Il regolamento penitenziario, che disciplina la normativa sulla privazione della libertà, è in genere sconosciuto sia ai detenuti che agli incaricati di sorvegliarli, quindi regolarmente ignorato e ampiamente inapplicato. Fonte, quest'ultima, di condotte inappropriate da parte sia dei detenuti che degli agenti penitenziari, con gravi ripercussioni sulla percezione del senso della detenzione, del suo scopo rieducativo.

Se leggere sarebbe auspicabile, scrivere è obbligatorio. Nel senso squisitamente letterale del lemma:

> Scrìvere v. tr. [lat. *scrībĕre*] (pass. rem. *scrissi, scrivésti*, ecc.; part. pass. *scritto*). – 1. a. Tracciare sulla carta o su altra superficie adatta i segni grafici appartenenti a un dato sistema di scrittura, e che convenzionalmente rappresentano fonemi, parole, idee, pensieri, numeri, in modo che possano poi essere interpretati mediante la lettura da chi quel sistema conosca [...].
> (*Vocabolario online Treccani*)

In carcere non si può fare a meno di «tracciare segni grafici» in un gran numero di occasioni, tutte di fondamentale importanza per la sopravvivenza. Il sistema carcerario italiano è infatti sofferente di una malattia incurabile: la burocratizzazione totale dei rapporti umani. Qualunque interazione del carcerato con il sistema che lo tiene recluso è mediata da uno scritto in cui si specifica di quale diritto si intenda godere: niente scritto, niente diritto.

Ne consegue che se leggere viene spesso trascurato, nella consapevolezza dell'inutilità del risultato, oppure posticipato a un'occasione propizia (come un colloquio con il proprio avvocato o con una persona ritenuta capace di spiegare in parole comprensibili un aggrovigliato ammasso di «segni grafici appartenenti a un dato sistema di scrittura» proveniente da un magistrato), scrivere è inevitabile, il più delle volte urgente, per la sopravvivenza quotidiana e per un minimo di prospettiva futura. Si spazia dal compilare correttamente un modulo di richiesta (dalla famigerata *domandina semplice*, base insostituibile del funzionamento del carcere, in poi) fino alle istanze dirette a un gip, a un magistrato di sorveglianza, per concludere con le lettere inviate all'esterno, di importanza altrettanto vitale perché contenenti, nella gran parte dei casi, una richiesta di aiuto esplicita o celata.

La lettera precedente, come tutte le altre, è indirizzata a don Ettore Cannavera, fondatore della Comunità di recupero per detenuti La Collina, a Serdiana (un piccolo centro alle porte di Cagliari). Chi l'ha scritta non è capace di scrivere, ma non può evitare di farlo. E se il risultato appare sgrammaticato e scontato – in fondo c'è un trafficante di droga che briga per uscire di cella e cerca di impietosire il destinatario facendo leva sulla presenza della bambina di sei anni –, sarà bene lasciar correre lo sguardo appena un poco oltre la prima impressione, a cominciare dal reato.

Anche senza conoscere le carte processuali, si possono ipotizzare gli avvenimenti che hanno portato in carcere questo disgraziato. È un tossico, si buca, ha bisogno di quattrini per alimentare il ciclo perverso di brevi momenti di estasi legati da orrendi, interminabili intervalli di astinenza. Non ha un soldo e gli propongono di effettuare un trasporto di droga dal punto *A* a quello *B*. Chissà, forse gli hanno messo in mano il volante di un'auto dalle parti di Milano pagandolo 10.000 euro con l'incarico di consegnarla a Cagliari. Auto in cui un carpentiere avrà provveduto a nascondere, in qualche recesso, una partita di *roba*. Diecimila euro sono un granello di polvere in confronto al valore di ciò che trasporta, ma per lui non fa niente, sono un bel po' di buchi assicurati; e poi sa bene che di tossici come lui è piena la piazza. Forse lo farebbe anche per meno. Di certo si ritiene fortunato per aver trovato il *movimento* giusto che gli assicurerà un poco di tranquillità per qualche tempo, sollevandolo dall'assillo continuo del denaro per la dose.

Guida fino a Genova, sale sul traghetto, si concede una cena al ristorante. Si è fatto appena entrato in cabina (viaggiare in cabina fa parte delle regole del gioco per evitare di rovinare tutto bucandosi nella toilette del bar) e si concede anche una bottiglia di vino. È felice, pensa che forse potrà anche fare un regalo alla bambina di sei anni, sebbene in cuor suo sappia benissimo che fine faranno i soldi.

L'indomani sbarca a Porto Torres, passa indenne il controllo del porto e si dirige verso la meta percorrendo la statale 131. A pochi chilometri dalla consegna, quando già comincia a guardarsi in giro per trovare un telefono e chiamare il contatto che ritirerà l'autovettura, un posto di blocco della stradale lo ferma. La droga è ben nascosta, neppure lui sa dove si trova. Forse è nervoso, ma spera di cavarsela perché i documenti sono in ordine, e magari quello è solo un controllo routinario. Invece lo fanno scendere dalla macchina e lo ammanettano: per i successivi otto anni non dovrà preoccuparsi di trovare i soldi per placare l'astinenza, ammansita dal metadone di stato. Oppure sarà anche peggio, perché dietro le sbarre la droga corre lo stesso ma costa molto di più: c'è da ungere i meccanismi per farla entrare.

La maggior parte degli arresti per traffico di droga avviene così, perché un concorrente del mandante, quello che spende 10.000 euro per farne milioni, ha avvertito l'antidroga. E questa ha organizzato un agguato arrestando il corriere e il destinatario: titoli sui giornali e foto segnaletica. Fine.

Nel caso specifico i dettagli saranno differenti, ma la dinamica è di questo tipo: spalloni così si pagano un tanto al chilo e di questi poveracci nelle carceri italiane se ne ritrovano tanti. Se fosse un grosso trafficante (come quelli che siamo abituati a vedere al cinema), non scriverebbe dodici righe in bella dopo aver ponderato ogni singola parola in un altro foglio pieno di cancellature e ripensamenti, indirizzandole a un sacerdote per mendicare accoglienza in una comunità: avrebbe un collegio di difesa incaricato di agire nel modo migliore (e di trovare una sistemazione acconcia non appena un qualche spunto nascosto nelle pieghe dei codici lo consentisse) per levarlo di galera.

Invece è malato, in anni in cui la sieropositività è ancora un gravissimo problema, costretto in una cella a contatto con altri carcerati che di certo sapranno di lui – nulla rimane nascosto, in galera – e lo controlleranno a vista pesando ogni suo gesto e facendo di tutto per cacciarlo via dallo spazio comune e affibbiarlo ad altri. Una vita d'inferno.

E chissà gli sforzi, le riflessioni, l'impegno per rendere credibile il proprio povero scritto dal quale potrebbe dipendere la differenza tra il marcire in una cella trattato da paria o l'essere accolto in una «comunità» perché è *stanco di fare il tossico a 40 anni*. Almeno lui non tira in ballo Gesù Cristo e non dichiara pentimento eterno né l'intenzione di non ricascarci: a modo suo è anche onesto.

Scrivere, che problema! Eppure a volte comporre una lettera sembra facile, anche se si è stranieri; extracomunitari; africani.

COMUNITÀ LA COLLINA
LOC. S'OTTA, SERDIANA
STR. STATALE 387 DEL GERREI
09040 SERDIANA (CA)

RICHIESTA INSERIMENTO.
MI CHIAMO [redacted], VENGO DALLA NIGERIA E HO 21 ANNI. SONO IN CARCERE DAL 9/08/2017 PER DETENZIONE DI DROGA E SONO STATO CONDANNATO A 3 ANNI E 6 MESI DI RECLUSIONE CON IL PATTEGGIAMENTO. ESSENDO ORMAI DEFINITIVO E NON AVENDO ALCUN RIFERIMENTO FAMILIARE ALL'ESTERNO, VI CHIEDO DI VOLER DARMI LA POSSIBILITÀ DI UN INSERIMENTO NELLA VOSTRA COMUNITÀ PER POTER PRESENTARE ISTANZA PER UNA MISURA ALTERNATIVA ALLA DETENZIONE.
CHIEDO CORTESEMENTE UN COLLOQUIO CON UN VOSTRO OPERATORE ANCHE SOLTANTO PER CONOSCERCI E PER POTER VALUTARE INSIEME ALMENO LA POSSIBILITÀ DI UN PERMESSO PREMIO.
VI RINGRAZIO PER L'ATTENZIONE E PER TUTTO QUELLO CHE POTRETE FARE PER AIUTARMI.
GRAZIE ANCORA.

UTA, 30/3/2018

[redacted]

(Carcere di Cagliari – Uta)

Che differenza con la grafia traballante e la grammatica incerta della lettera precedente. Eppure è un giovane ragazzo nigeriano, presumibilmente piombato in Italia senza conoscere una parola d'italiano. Non c'è neppure la necessità di trascrivere. E tanto è bravo, questo ragazzo, che in capo a un paio di settimane, non avendo avuto forse riscontro, invia una seconda missiva. Ma questa volta è meglio trascrivere.

Uta 15-04-2018

Buongiorno Don Ettore Cannavera.
Le scrivo per conto di un ragazzo che gli necessita il vostro aiuto. Noi non ci conosciamo e non me n'è voglia se non mi presento. Sono sardo e chissà se in futuro non sia io a richiedere il vostro bisogno. Bensì torniamo a voi;
*Questo ragazzo si chiama ***** ***** ha 21 anni e viene dalla Nigeria, è in carcere dal 09/08/2017 per detenzione di droga ed è stato condannato in via definitiva a 3 anni e mesi 6 con il patteggiamento.*
Tuttavia, essendo definitivo e senza alcun riferimento familiare sia interno che all'esterno, voleva gentilmente chiedervi la possibilità di un inserimento nella vostra comunità, e magari in seguito presentare istanza per una misura alternativa.
Altresì vi chiedo se possibile, un colloquio con un vostro operatore sia per interloquire e per valutare insieme le possibilità di un permesso premio.
Don Ettore, ciò in sintesi è quello che il ragazzo ha chiesto di scrivervi, per quanto io possa fare una mia valutazione prettamente personale vi devo assicurare che è un ragazzo molto riservato, educato e nella sezione in cui siamo non ha mai dato nessun tipo di problema. Ha solo 21 anni, per cui se avete lo spazio credo sia giusto che abbia un'altra possibilità.
Pertanto ora vi ringrazia per l'attenzione e per tutto quello che eventualmente potrete fare.

In fede
***** *****

(Carcere di Cagliari – Uta)

Naturalmente neppure la prima lettera era sua. Avrà chiesto a qualche compagno di prigionia di prendere in mano la penna e comporre una lettera per lui? Per gli extracomunitari, soprattutto di provenienza africana, è la norma. Pochi di loro sono capaci di organizzare un testo e talvolta può costituire un problema non da poco anche compilare la famigerata *domandina* per una semplice richiesta di colloquio con un educatore.

Due lettere che svelano un mondo. La prima è probabilmente farina del sacco di un educatore (più probabilmente un'educatrice, come suggerisce la calligrafia). Lo si intuisce dalla proprietà di linguaggio e dall'impostazione formale del testo, con l'indirizzo del destinatario ordinatamente disposto in alto a destra, come si usa nelle comunicazioni commerciali e nei rapporti formali con gli enti pubblici. Può darsi che nel corso di uno dei rari colloqui – il rapporto numerico tra detenuti e educatori nelle prigioni consente solamente brevi e sporadici incontri – si sia sviluppato un rapporto empatico, sfociato nella decisione di operare un piccolo sforzo extra mansione (l'educatore non è certo tenuto a trovare una sistemazione per i propri *clienti* carcerati). Da cui la scelta di comporre un testo che riecheggia ciò che con ogni probabilità scriverà quotidianamente per il proprio mestiere, vergato su un foglio extrastrong bianco da fotocopiatrice con un altro a righe disposto sotto a suggerire, in trasparenza, la corretta spaziatura. Il tutto da concludere con un «firma qui», indirizzato al giovane detenuto nero seduto dalla parte opposta del tavolo: busta e francobollo, ovviamente, a cura del ragazzo, come dimostra la diversa grafia per indirizzo e mittente (non riportati).

Sarà tornato dal colloquio stringendo il foglio in mano e in reparto se ne sarà parlato a lungo, perché ogni occasione è buona per spettegolare come vecchie comari, facendo sì che il tempo corra veloce.

I commenti saranno stati i più diversi, dal lamentarsi perché l'educatrice si è dedicata a un nero immigrato e non a un *locale* – il razzismo è condimento consueto della galera – alla considerazione che si tratta di un bravo ragazzo (qualunque cosa possa significare, in una galera) e si merita un aiuto. Infatti due settimane dopo, probabilmente in assenza di una risposta, un compagno di prigionia replica la precedente iniziativa, forse su sollecitazione dello stesso ragazzo, preoccupato dall'assenza di un riscontro, o forse di propria iniziativa: potrebbe essere uno dei tanti frequentatori abituali delle patrie galere, illuso di conoscerne trucchi e segreti, che trae sostegno dalla propria convinzione e dal riconoscimento altrui.

Il secondo testo, scritto su un foglio estratto da un blocco a quadretti acquistato allo spaccio del carcere, potrebbe essere l'oggetto di una ponderosa tesi di specializzazione in Sociologia. C'è tanto carcere là dentro, a saperlo osservare, a iniziare dall'atteggiamento dello scrivente. Che non è di cautela, come si potrebbe pensare. La decisione di non firmarsi non deriva tanto dalla necessità di nascondersi quanto da quella, opposta, di sottolineare la propria esistenza rimarcando, allo stesso tempo, la propria competenza in fatto di vita carceraria. In prigione ci si convince della necessità di celare quanto possibile i fatti propri, lo si dichiara apertamente a ogni occasione. Mai svelare ciò che si pensa, ciò che si è, perché il sistema è sempre in agguato per fregarti, ti spia per carpire le informazioni che potrebbero perderti. Non a caso una delle categorie più odiate dai reclusi è quella degli *infami*, i delatori, esseri spregevoli con le orecchie spalancate in combutta con gli sbirri, sempre in cerca di vantaggi a scapito delle disgrazie altrui.

La traduzione delle prime frasi è grossomodo la seguente:

Caro don Ettore, stai parlando con uno che di carcere ne capisce. Lo so ben io come vanno le cose in questo posto. Quindi non aspettarti che ti dica chi sono. Magari ci sarà un'altra occasione in cui ti contatterò per me, perché sono sardo e potrei avere bisogno, ma per ora posso fare da me.

Segue la breve descrizione della situazione – non diversa dalla precedente, salvo la distanza nella sintassi e nella grammatica – per approdare, infine, alla raccomandazione: bravo ragazzo, rispettoso, incapace di creare grane. Persona che merita, parola di uno che se ne intende avendo fatto tanti anni di *casanza*. Se aggiungesse che non defeca sul divano del soggiorno, non morde e ha il pelo lucido, si potrebbe pensare che parli di un cane proposto in adozione.

La lettera, in realtà, racconta tanto del redattore quanto del misero ventunenne nero e pone in evidenza tutta la complessità esistenziale del loro essere reclusi. Il ragazzo non è docile e affettuoso come un cane da compagnia, piuttosto si trova nella situazione di dover necessariamente mantenere un basso profilo, chinando la testa preventivamente per non incorrere in guai peggiori che non una perdita di dignità: questo significa *rispettoso*. Che di fronte ai bianchi italiani, anzi *sardi*, è bene farsi pecora, per non essere mangiati dai lupi.

Al contrario di altre case di reclusione, il carcere di Uta (casa circondariale di recente costruzione che ha sostituito il fatiscente carcere di Buoncammino) ha una bassa incidenza di extracomunitari africani e non c'è la presenza di forti enclave tipiche di altre carceri, in cui detenuti della medesima provenienza creano comunità autosostenute in grado di bilanciare lo strapotere dei locali (salvo, forse, la comunità albanese, ormai insediata da decenni in Sardegna). In tal caso accade che debbano essere gli italiani, se capita loro di dover condividere una sezione con una maggioranza straripante di extracomunitari, a dover assumere modi *rispettosi*. A chinare la testa. Sono loro, alla fine, che nella distribuzione dei pasti rischiano di restare a bocca asciutta, perché il carrello delle vivande giunge di fronte alle sbarre della cella ormai semivuoto e se non si hanno i soldi per il sopravvitto, la *spesa*, si fa la fame; e forse si esce all'aria con il timore di essere presi di mira.

Eppure, forse è proprio l'ignoto *esperto* che scrive per conto altrui a suscitare maggiormente il senso di sconforto per il dramma della carcerazione. Cosa gli sta dando il carcere al di là della privazione della libertà? Cosa gli sta insegnando?

Si illude di essere adattato al sistema, di dominarlo, di possedere un know how funzionale ad alleviarne i disagi, un codice di comportamento che consenta di galleggiare in attesa della libertà, subendo il meno possibile gli incomodi della cella. Probabilmente ha una soluzione, o ritiene di possederla, per ogni problema spicciolo e ne va fiero, prodigo di consigli nei confronti dei compagni per mostrare a tutti che lui è uno che sa come va il mondo in una galera: uno che *sa come si fa*, nonché di animo tanto nobile da condividere la propria conoscenza con gli amici, da riversarla su di loro con prodigalità. La sua vita carceraria è tutta una ricerca continua dello stratagemma, dell'accorgimento, della furbata per superare qualsivoglia difficoltà, non tanto per ottenere i privilegi quanto per mostrare di esserne in grado, come la rincorsa alla posizione di maschio alfa di uno scimpanzé nella propria tribù. Che altro sarebbe, infatti, l'accorgimento di non firmarsi, dichiarandolo esplicitamente? Non avrebbe potuto comportarsi come l'estensore della lettera precedente?

No, non nel suo modo di concepire la reclusione: ha colto la palla al balzo per parlare di sé e mostrare ai compagni *come si fa*. Se ne sarà vantato per giorni e giorni, non di aver dato una mano all'africano – la sua magnanimità lo rende scontato – bensì di essersi comportato da scafato frequentatore di case circondariali: mica lo fregano, lui!

Che probabilità avrebbe di essere rieducato da un carcere la cui struttura lo spinge a comportarsi da furbo, esattamente come dev'essere accaduto nella vita, all'esterno, che lo ha condotto in prigione? Può darsi abbia maggiori chance il giovane africano, se capiterà in un ambiente deputato a fargli trascorrere qualche anno di vita nelle condizioni opportune per imparare la legalità quotidiana. Il suo abborracciato mentore, a giudicare da quanto inconsapevolmente racconta di sé, si orienta verso un futuro grigio, nella categoria di coloro che non riescono mai a uscire di prigione, neppure da scarcerati.

Il vezzo di alcuni detenuti di ritenersi tanto superiori da raccomandare altri compagni, non è poi così episodico:

Alla cortese attenzione
Preg.mo Don Ettore Cannavera
Oggetto: Segnalazione a scopo accoglimento
di compagno di detenzione meritevole
Preg.mo Don Ettore, la presente in primis per salutarla cordialmente. Sono ***** ***** *(cognato di* ***** *****) *e come senz'altro ricorderà ci siamo visti in carcere a Uta in occasione della sua visita insieme ai signori del Partito Radicale luogo in cui purtroppo ancora per poco per fortuna sono ricoverato causa condanna per evasione fiscale.*
Come stà Don Ettore, da ciò che leggo sui quotidiani sempre impegnatissimo per le varie cause sociali che riguardano chi più chi meno tutti noi, ovviamente con risultati alterni causa i «muri

di gomma» da cui tutti noi (nessuno escluso) siamo circondati ed andiamo purtroppo a cozzare, l'importante però è combattere, non abbattersi, perseverare costantemente!
*Caro Don Ettore, non vorrei tediarla dati tutti gli impegni che senz'altro quotidianamente deve espletare, mi sento però quasi obbligato a segnalarle un compagno di detenzione che a mio parere (sindacabile ovviamente) è più che meritevole di attenzione da parte sua nonché dai suoi educatori, un bravissimo ragazzo, educatissimo, pulito, culturalmente appropriato, mai una frase e/o comportamenti sopra le righe, fermo restando che il sottoscritto non si è mai esposto in tal senso per chicchessia, la prego voler prendere in considerazione tale cortese richiesta, quantomeno affinché possa essere valutata la suddetta richiesta di eventuale accoglimento presso la sua struttura, e qualora potessero essere utili sono disponibile anche a farle inviare delle missive a supporto da dei miei parenti parroci che la SV. senz'altro conosce, e che hanno ben conosciuto la persona che mi permetto di segnalarle. Tale persona, detenuta presso il carcere di Uta, si chiama ***** *****, è di nazionalità rumena, ed è nato in data ** aprile ****.*
Ora la saluto cordialmente, e certo di un favorevole riscontro da parte sua, porto distinti saluti.

Con cordialità
ed a disposizione
***** *****

Uta li
04 marzo 2018

(Carcere di Cagliari – Uta)

Una mosca bianca: condanna per evasione fiscale da scontare in carcere. Chissà come sarà accaduto, si potrebbe segnalare a quelle trasmissioni televisive che tuonano, correttamente, contro l'assenza di colletti bianchi in prigione, soprattutto per i reati corruttivi. Negli Stati Uniti, patria del liberismo, sarebbe stato considerato un reato grave – Al Capone l'ha appreso a proprie spese –, mentre l'autore della raccomandazione pare pensarla diversamente. In lui si percepisce un evidente fastidio, tanto che la dichiarazione palese del proprio reato, fatto statisticamente poco presente nelle lettere dei reclusi se non nei casi in cui si ritenga funzionale a una maggiore benevolenza da parte di chi riceverà la supplica, ha una venatura di sufficienza. Sembra dire che avrà anche sbagliato, ma per una sciocchezza come questa – le tasse le evadono tutti in Italia, no? – non si dovrebbe finire dentro. Una dichiarazione di comunanza con il destinatario della lettera, insomma, come se si ritenesse ingiustamente punito per un reato minore, una bazzecola. Questa posizione esistenziale è peraltro diffusissima in carcere, fino agli esempi più eclatanti, quanto surreali, degli omicidi che considerano lo spaccio un reato veramente grave, perché la droga fa male alla gente, mentre loro, poverini, si sono limitati a reagire a una provocazione, oppure hanno ammazzato per una giusta causa, una svista, un incidente: c'è sempre un buon motivo per uccidere, una volta che sia accaduto.

Non sappiamo i dettagli del reato di questo signore, come e quanto abbia frodato il fisco, cioè la collettività, ma la sua posizione ideologica è la medesima. È contrariato dalla propria detenzione, non vede l'ora che finisca per poter chiudere una parentesi infausta. Tanto che si sente nella posizione di poter dare un giudizio (positivo) su un altro detenuto: *educatissimo, pulito, culturalmente appropriato, mai una frase e/o comportamenti sopra le righe*. Insomma, una brava persona come lui. E se fosse stato un clochard maleodorante con le dita nelle narici, si sarebbe speso ugualmente promettendo di mobilitare i parroci? Cosa avrà insegnato il carcere a questo signore che sta per uscire?

E adesso non parleremo del bravo carcerato che ha motivato la lettera? No, e per un'ottima ragione: al di là della convinzione dell'evasore, persuaso in assoluta buona fede di compiere un'opera meritoria di assistenza a un compagno in difficoltà, questa lettera è tutto fuorché centrata sul personaggio da aiutare, sull'educatissimo rumeno. È un continuo rimarcare la propria posizione di essere umano ingiustamente colpito da una pena spropositata rispetto al reato commesso, proprio lui che è superiore alla maggioranza dei poveracci che abitano la galera. Non a caso afferma che don Ettore si ricorderà certamente di lui, non si pone certo la domanda se ciò sia realistico o meno (non sarebbe stato adatto un più umile: *Caro Don Ettore, forse si ricorderà di me...?*). E poi: non è forse vero che ha la possibilità di mobilitare la coorte dei parenti parroci, felicissimi di fornire una malleva a un evasore fiscale?

Non bisogna essere troppo critici, certo. In fondo persegue un fine condivisibile, l'aiuto a un compagno in difficoltà. Eppure resta la sensazione, come nel caso precedente, che in una qualche maniera sia lui a domandare attenzione, che stia scontando la mancanza di una risoluzione positiva del proprio rapporto con il carcere. C'è da chiedersi se questa detenzione sia davvero in grado di riavvicinare alla società quanti, come lui, respingono l'ipotesi di una ricomposizione positiva con la collettività a partire dal convincimento del proprio torto.

Si ha paura di dirlo, di cadere nella stessa categoria di coloro che si ritengono superiori e per questo autorizzati a tranciare con la scure le vite altrui. Però il dubbio resta: cosa fa per loro il carcere? Svolge davvero un'azione rieducativa? E sarebbero questi i risultati?

Tossici, tossici malati, extracomunitari, spesso tossici anch'essi e anche malati. Il carcere alloggia uno stuolo degli uni e degli altri: c'è qualche altra categoria di cui si possa dire il carcere sia pieno zeppo?

1 C/C DI BANCALI LI 18/10/2017
BUON GIORNO CARISSIMA
CINZIA, E DON ETTORE
IERI DOPO TANTO HO RICEVUTO
LA VOSTRA BELLISSIMA
LETTERA CHE MI HA FATTO
UN PIACERE ENORME «SONO
RIMASTO MOLTO CONTENTO
E SONO FIDUCIOSO IN "DIO"
CHE ANCORA SI TROVANO
PERSONE CHE AIUTANO CHI
È VERAMENTE IN DIFFICOLTÀ
COME TE CINZIA DON ETTORE
E TUTTO IL VOSTRO STAFF
DELLA COMUNITÀ LA COLLINA
DI SERDIANA. «PREG.MA
CINZIA IO IL 19-09-2017
HO FATTO IL PROCESSO E
SAI MI HANNO CONDANNATO

C/C di Bancali li 18/10/2017
*Buon giorno carissima Cinzia e Don Ettore ieri dopo tanto ho ricevuto la vostra bellissima lettera che mi ha fatto un piacere enorme «sono rimasto molto contento e sono fiducioso in "Dio" che ancora si trovano persone che autano chi e veramente in difficoltà come te Cinzia Don Ettore e tutto il vostro staff della Comunità La Collina di Serdiana «Preg.ma Cinzia io il 19-09-2017 ho fatto il processo e sai mi hanno condannato a quattro anni e sei mesi dalla quale sei li ho già fatti poi mi toccano i 45 giorni di liberazione anticipata per buon comportamento e fra una cosa e l'altra vado a nove mesi, (io Cinzia so lavorare bene la pasta di mais e sai fuori facevo bomboniere per cresime battesimi, comunioni ecc. ecc... Poi usufruisco della legge N° 162 perché sono invalido al 100 per cento come ti ho spiegato mi hanno messo sotto un auto mentre atraversavamo le strisce pedonali e ho varie patologie ansia grave cronica con decadimento cognitivo ipertensione arteriosa, etopatia H.C.V, epilessia cronica correlata invalido 100 per cento non può compiere gli atti quotidini lavorativi e scolastici (legge 18/80) [100 per cento] e qui Cinzia sono in cella da solo- Non faccio colloqui con un psichiatra un psicologo, l'educatrice dr.ssa ***** in sei mesi non mi ha mai chiamato una sola volta). Carissima Cinzia io sono tutto pieno di croste sono segnato da sette giorni in infermeria e a tutt'oggi nessuno mi chiama e tutto quello che ti ho scritto e tutto dimostrabile con le carte rilasciate dal centro medico legale INPS di Sassari.*
Poi carissima Cinzia qui non c'è più il centro clinico e sai io ho avuto numero 3 crisi epiletiche con vari punti di sutura alla testa, e escoriazioni in tutto il corpo-
Poi qui siamo in piena campagna ce un ragazzo rumeno che non parla l'italiano e stato più di due anni in coma, poi deve avere un machinario per il cuore sai l'altro giovedì bussava (sono saliti e l'ho hanno massacrato io l'ho visto oggi e tutto viola non

*mangia da giovedì scorso Cinzia riccordati che quello quà ci muore, e così hanno fatto con un marocchino e l'ho hanno messo in isolamento «a me mi hanno avisato perche gli ho datto 3 sigarette di tabacco se parli fai la stessa fine») «Qui carissima Cinzia l'area sanitaria non funziona poi se hai sbagliato stai pagando, e se sbagli anche in carcere fammi il rapporto (qui ti masacrano a botte e il magistrato di tutto questo non e a conoscenza basta a dirlo a Giovanni Caria il procuratore della repubblica di Sassari quello che e intervenuto per il pestaggio che ci era stato a San Sebastiano, ti giuro Cinzia ho paura sono terrorizato vi prego dal cuore aiutatemi e quello che ti sto scrivendo e pura verità, io trovo solo triste, disperato 24 ore su 24 rinchiuso in una cella cosa sto imparando fuori ero seguito sia dal SERD dalla dr.ssa ***** , e dal CIM da dottor ***** ***** sai l'ansia, la depressione sono una brutta bestia e io sono più che sicuro che si può guarire non riempiendoti di psicofarmaci ma parlando con persone con i tuoi stessi problemi, e non vorrei continuare a butare in spazzatura la vita che mi è statta data e ridata in tanto tempo.) Carissima Cinzia io ancora non sono definitivo ma ho parlato con il magistrato di sorveglianza la dottoressa ***** e ha mi detto che se trovo una comunità dove andare lei e la prima persona a mandarmi vi prego in ginoghio sia te Cristina e a Don Ettore se potete fare di tutto per portarmi dall'infeno al paradiso io sto veramente ma veramente male vi prego il numero di telefono di mia mamma e ***** e se dovete cercare qualcuno quà è la dr.ssa ***** o la *****.*

*Vi giuro sto 24 ore su 24 chiuso in cella e stò impazendo mi affido a voi e vi chiedo ancora auto perché ne ho veramente bisogno. Ora carissima Cinzia e Don Ettore vi ringrazio dal cuore sperando in un vostro urgente auto, ora vi ringrazio e porgo doverosi ossequi e ringrazio ancora a voi Cinzia Don Ettore, «Tutti i ragazzi della Comunità La Collina e tutto il vostro staff da ***** ******

Poi la legge n° 162 che mi pagano i servizi sociali quella va alla comunità e poi su quello che riesco a contribuire un mio aiuto li ho. Do sia economicamente e moralmente (vi prego dal cuore ho bisogno di persone che mi autano sper al più presto in una vostra risposta vi abbraccio con il cuore un ragazzo che sta veramente male invalido a 100 per cento abbandonato 24 ore su 24 rinchiuso in cella ancora vi ringrazio dal cuore a tutti i ragazzi e l'ho staff della comunità La Collina a te Cinzia e a Don Ettore (sai proprio ora ho ricevuto che il 14.11.2017 alle ore 09 ho udienza in camera di consiglio spero che voi mi potete aiutare perché mi vogliono fare il riesame della pericolosità sociale (art. 208/1 C.P.) (art 208 relazione alla libertà vigilata di cui all'ordinanza del Mag. Sorv di Sassari del 30/05/2017/ (Disposta libertà vigilata per un'anno entro sei mesi riesame)

Vi prego carissima Cinzia e Don Ettore autatemi ***** *****
Vi mando il foglio del mio avvocato. un forte abbraccio a tutti i ragazzi da ***** ***** *Autatemi*

(Carcere di Sassari – Bancali)

Nessuna trascrizione può rendere conto e trasmettere il travaglio di questo essere umano, costretto in una cella, in solitudine, che scrive un ammasso di *segni grafici appartenenti a un dato sistema di scrittura* affastellando frasi sconnesse, concetti evanescenti, incubi e surreali citazioni dai codici nel disperato tentativo di influire sulle decisioni della carissima Cinzia e di don Ettore, gli unici che, a quanto pare, siano disponibili ad ascoltarlo. Non è come tenere in mano i fogli strappati da un quaderno e da un blocco per note a righe, ma comunque l'aspetto del segno grafico descrive, seppure in minima parte, lo stato interiore di quest'uomo, la sua urgenza di comunicare, di domandare aiuto e, in ultima istanza, di essere ascoltato per rassicurarsi sulla propria esistenza. Di queste persone affette da labilità mentale le nostre carceri sono colme.

Il disagio mentale costretto in carcere è un'orrenda violazione dei diritti fondamentali dell'essere umano, che dovrebbe essere curato, non rinchiuso in una cella, e affidato a medici e personale competenti per la terapia più adatta al suo disturbo.

Quale logica induce a tenere in una prigione una persona con evidente disagio mentale, seppure reo di aver commesso un reato? E con quale scopo lo si affida a personale di sorveglianza privo delle competenze per un corretto trattamento, causando un ulteriore disagio agli assistenti penitenziari, costretti a fronteggiare problematiche per le quali non sono preparati, e agli altri detenuti?

Bisogna essere chiari: i tossicodipendenti possono giustificare il proprio stato in mille modi, gli extracomunitari hanno tutto il diritto di vedere riconosciute le mille difficoltà che li hanno portati in carcere, ma i malati di mente non hanno avuto alcuna possibilità, non più di quella di un bambino che un genitore punisca per essersi preso la varicella. Cosa ci fanno i malati di mente in galera? Quale sarebbe il percorso riabilitativo che una prigione può proporre a uno psicolabile? E quali i vantaggi per la società?

Se ancora ci fosse qualche dubbio, ascoltiamo in silenzio la loro voce, in fondo glielo dobbiamo perché non hanno alcuna colpa.

C/C di Bancali Li 12-11-2017
*Buon giorno carissima Cinzia e Don Ettore: «sono contentissimo di aver ricevuto la vostra lettera mi e statta consegnata oggi di domenica qui il carcere non funziona proprio l'educatrice dr.ssa ***** mi ha chiamato solo una volta al mio ingresso in carcere il*

*17.04.2017 e sai carissima Cinzia quante domandine gli facio per essere chiamato sia a lei e hai dottori sia psicologi, psichiatri, ho scritto all'assistente sociale dr.ssa «***** ***** di Sassari in via ***** e non mi ha mai risposto non so il perché, poi il giorno 13.11.2017 avevo una visita molto importante al centro medico legale INPS di Sassari alle ore 0,850 e mi tocca saltarla per colpa del menefreghismo che ce qui nella casa circondariale di Bancali. Carissima Cinzia e Don Ettore ora il SERD di Alghero mi sta facendo tutta la documentazione per la comunità, poi vi facio chiamare dal mio avvocato ***** ***** del foro di Sassari il suo N° di telefono e ***** e vi facio parlare con lui, e poi qui per queste cose si occupa la dr.ssa ***** e la dr.ssa *****
Io ora il 14.11.2017 ho una camera di consiglio spero in "Dio" che vada tutto bene, poi vi faci chiamare da mia mamma o mio zio ***** il numero di telefono di mia mamma e ***** ***** ***** Alghero e quello di mia sorella che è direttore* [dati omessi per privacy]
Lei mi ha sempre seguito ma lavorano a Sassari anche il marito e medico [dati omessi] *e se li volete sentire loro ci sono verso le ore 19,30 specialmente mia sorella ***** che di me sa tutto perché mi ha sempre seguito. Carissima Cinzia, e Don Ettore «sarebbe bellissimo io fuori ero 1° pasticcere e dalla pasta di mais so fare veri, ma veri gioielli dagli orecchini, alle bomboniere per, matrimoni, battesimi, cresime, comunioni, ecc... ecc... ho fatto un buque per una sposa bellissimo con tutto orchidee, calle, e rose, sai fare un laboratorio quanto ti tiene impegnato e poi fai anche soldi quanto mi piacerebbe "dalla pasta al gioiello e poi su ogni lavoro scriverci una dedica della tua vita" e impararlo agli altri ragazzi della comunità «La Collina di Serdiana, poi carissima Cinzia, ho il diploma di eletricista e tantaltro solo che quà stò solo sprecando del tempo prezioso.*
Carissima Cinzia, e Don Ettore io usufruisco anche della legge N° 162 – che e l'assistenza «che avevo prima con obbiettivo assistenza

e i soldi ogni sei mesi mi davano tremila e seicento euro ogni sei mesi che dora in poi andranno alla comunità La Collina.
Carissima Cinzia, e Don Ettore io con le mie gravi patologie con un ansia grave cronica dal mio arrivo in istitutto dal 17.04.2017.
A tutt,oggi dopo le mie continue e ripetutte domandine "non sono statto mai chiamato una sola volta da un psichiatra, un psicologo, un,assistente sociale ecc... ecc... vi sembra giusto tutto questo?
Lunica persona in cui parlo 1 ora alla settimana e al colloquio con una principessa e mi mamma la persona più cara al mondo.
*Carissima Cinzia, e Don Ettore io il ** di febbraio compio 50 anni anche se sembro un ragazzino e ci tengo a portare avanti un percorso comunitario e portarlo avanti poi carissima Cinzia chi l'ho sa se la mia vita la dedico ad autare altre persone che hanno passato quello che ho e sto passando io: «Carissima Cinzia e Don Ettore speriamo in "Dio" che anche per me si apra la porta santa come dice (papa Francesco allomelia. Si chiude una porta «e si apre un portone (il portone e la comunità La Collina di Serdiana da don Ettore Cannavera, da la sipaticissima Cinzia e da tutto l'ho staff, e dai ragazzi della comunità La Collina di Serdiana)*
Sai carissima Cinzia questa notte ho sognato un'angelo: «gli volevo chiedere che né sarebbe statto della mia vita sai Cinzia come ho acceso la luce ho visto solo sbarre e sentito urla di persone che sofrono!
Ma l'angelo e svanito nel nulla, sai Cinzia gli angeli "esistono e qualcuno non hanno le ali si chiamano «famiglia e comunità La Collina di Don Ettore Cannavera e della simpaticissima Cinzia»
Carissima Cinzia e Don Ettore potete star pur sereni, e tranquilli io quando ricevo le vostre lettere mi fatte sintire bene di questo vi ringrazio dal profondo del mio cuore.
Vi allego il foglio delle mie patologie e vi chiedo se tramite lettera me l'ho potete rinviare se vi è possibile se potete farmi qualche fotocopia e me l'ha inviate, «sperando sempre in "Dio" che al più presto possa essere li con voi in comunità La "Collina di

Serdiana di Don Ettore Cannavere. Carissima Cinzia per adesso vi ringrazio di cuore per le vostre lettere, la vostra serietà, e puntualità da queste cose si vede come funziona bene una struttura che salva tantissimi ragazzi, o ragazze, con un fiore all'occhiello, perché una volta fuori dal carcere hanno sempre quel timbro da tossicodipendente che la società ti ha appiopato, e poi quando si muore negli angoli bui delle nostre città nessuno n'é parla (quanti ne ho visto abbandonati da vivi, e anche da morti, senza un fiore una preghiera e tant'altro)
Carissima Cinzia e Don Ettore Cannavera anticipatamente vi ringrazio a voi e tutto l'ho staff della comunità La Collina, e un forte abbraccio e un buon cammino comunitario a tutti i ragazzi, e ragazze da chi prega il nostro "Dio" di potervi conoscere al più presto possibile.

***** *****

Preg.mo Don Ettore gli chiedo cortesemente come un padre «io l'ho perso in giovane eta mi aiuti qui ogni giorno che passa e sempre peggio. Anticipatamente l'ho ringrazio a lei Don Ettore, alla Cinzia e tutto l'ho staff della comunità La Collina» Compresi tutti i ragazzi
C/C/ di Bancali Li 12/11/2017

***** *****

(Carcere di Sassari – Bancali)

C.C Bancali li 14.01.2018
Buongiorno carissima Cinzia e Don Ettore: «io come sempre aspeto qualche buona nottizzia da vostra parte per poter venire in comunità La Collina (ma non ho avuto più nessuna risposta da vostra parte carissima Cinzia). Sai che io stò molto, molto ma molto male con tutte le mie patologie affetto da gravi patologie di tipo psichiatrico grave cronico con decadimento cognitivo (L. 18/80) [100] come da C.F.R. del diario clinico del carcere «Poi Cinzia io non faccio un colloquio con un psichiatra, un psicologo,

*l'educatrice dr.ssa ***** e passa le giornate 24 ore su 24 rinchiuso in cella questo e dal 17-04.2017 a tutt'oggi 14.01.2018 ti posso solo dire che ho tanto ma tanto bisogno di aiuto sono esaurito, depresso, ansia, stò passando un periodo molto brutto e non so sino a quanto rege» Ho la certificazione dell'handicap. (Legge 104/1992) disabilità nell'apprendimento, disabilità nella vita di relazione disabilità nell'inserimento lavorativo o scolastico, necessità di assistenza continua e globale che*

determina

una condizione di handicap

*in situazione di gravità (ART. 3 comma 3) in quanto la minorazione singola o plurima ha ridotto l'autonomia personale, correlata all'età in modo da rendere necessario un'intervento assistenziale, permanente, continuativo e globale nella sfera individuale o in quella di relazione. Cara Cinzia il N° del fascicolo e ***** INPS di Sassari (Cinzia almeno gli altri detenuti a turno lavorano ma io per le mie patologie non posso neanche lavorare e sono costretto a stare 24 ore su 24 in cella solo triste e disperato "vi chiedo dal profondo del cuore un grande aiuto che solo voi mi potete dare Cinzia e Don Ettore io aspetto con ansia una vostra risposta perché stò veramente male vi prego di autarmi perché n'è ho molto ma molto bisogno*

*Carissima Cinzia, e Don Ettore sto passando un periodo molto brutto vi prego dal cuore un vostro aiuto sai che non riesco neanche a scrivere (non faccio colloqui con le persone più importanti come un psichiatra, un psicologo un'assistente sociale, l'educatrice dr.ssa *****. Ti ripeto Cinzia dal mio ingresso in carcere il 17-04-2017 a tutt'oggi 14.01.2018 non sono mai statto chiamato da nessuno ho una depressione che fà paura. Carissima Cinzia e Don Ettore anche l'avvocato che ho ***** ***** tel ***** del foro di Sassari giorni fa mi ha detto se tu hai l'ok della comunità il magistrato di sorveglianza ti manda poi ora sei definitivo. (Don Ettore e carissima Cinzia vi prego in un vostro auto vi mando un forte*

abbraccio e un bacione a Don Ettore a te Cinzia, e un' buon cammino a tutti i ragazzi della comunità La Collina
Dal vostro ***** *****
Cinzia ti prego scrivimi e fammi sapere (prego sempre il buon "Dio" e padre "Pio" in cui sono molto devoto) Cinzia e Don Ettore autatemi ne ho molto, molto, molto bisogno un forte abbraccio e un bacione a Don Ettore e a te Cinzia da ***** *****
(vi prego autatemi ne ho molto bisogno il vostro ***** *****
E scrivetemi
Anticipatamente vi ringrazio
***** *****

(Carcere di Sassari – Bancali)

Difficile reperire statistiche precise ma, lontano dai microfoni, i direttori delle case circondariali ammettono che mediamente, in Italia, il 30 per cento dei detenuti ha problemi di droga, un altro 30 per cento abbondante è rappresentato da extracomunitari e un ultimo 30 per cento da psicolabili. La galera italiana è questa e anche sul restante 10 per cento ci sarebbe da discutere quanto a pericolosità ed efficacia della segregazione, sia sul versante della riabilitazione sia su quello della sicurezza.

Ma ora che abbiamo dato uno sguardo a volo d'uccello sulla composizione della popolazione carceraria, sollevando non pochi dubbi sull'efficacia della segregazione rispetto al percorso rieducativo delle tre grandi categorie che si spartiscono la torta carceraria, tendiamo l'orecchio al carcere e domandiamoci: come avviene che un cittadino arrivi in galera?

Mi ricordo le domeniche...

X il sig Ettore Cannavera *09.09.2018*

*Buongiorno sig Ettore sono un ragazzo che voi già mi conoscete sono stato al carcere minorile di Cagliari (Quartuccio) mi chiamo ***** ***** e con l'aiuto della volontaria Simona il 2013 o fatto un piccolo libricino sarebbe la mia storia. Ora mi trovo nel carcere di Uta per motivi di causa e poi tra qualche giorno ritorno nel carcere di provenienza a Napoli (Avellino) sono venuto qua a Cagliari e o domandato di voi e mi anno detto che avete sempre una comunita per recuperare le persone io vi sto scrivendo per cercare un aiuto da voi vorrei cambiare vita vorrei farmi una famiglia e vorrei stare a Cagliari anche dopo finito la pena e vorrei anche far salire la mia ragazza che convivo da 1 anno e 6 mesi lei a 17 anni e siamo innamorati e voglio dargli un futuro xché questa non e vita e vorrei avere un vostro accoglimento e una mano per lavorare un domani pure dopo che o finito la pena ora vi spiego un po la mia posizione giuridica io sono stato arrestato il 2011 il 07.04.2011 e sono andato al carcere minorile dopo due anni feci la richiesta per venire a Quartuccio e sono stato circa 9 mesi dopo 5 o 6 mesi o preso un permesso premio e poi con voi o avuto il permesso per andare dal papa dopo diche sono andato a discutere e sono uscito ai domiciliari a casa della mia ex ragazza lei aveva una bambina piccola e che lei non lavorava io soldi non avevo a mia mamma lavorava in nero e doveva dare a mangiare ai miei* *fratelli piccoli e mia sorella mio padre non c'e lo e io comessi un reato quando stavo ai domiciliari andai in carcere maggiorenne e dopo due anni la mia ex mi lasciai ed io feci istanza per andare ad Orvieto perché non volevo stare più lì xché quando facevo i colloqui avevo immente sempre alla mia ex andai ad Orvieto mi feci 10 mesi avevo beneficiato di un permesso premio di 12 ore con la mia famiglia e dopo due mesi usci con l'affidamento a lavoro nella ditta di falegnameria e sono stato 9 mesi in questi 9 mesi io o passato un bruttissimo periodo 1 da quando o visto la mia ex avevo molta rabbia xché ero innamorato e mi sono buttato sul alcol e giocavo ed e dificile ad uscire a questo incubo quando sono andato al carcere perché avevo comesso una rapina di macchia xché dovevo pagare un debito alla fine era 1000 euro e io mi giocai tutto. Nel carcere di Avellino mi sono scritto al SERT interno del carcere che tutte le settimane con pisicologa del SERT ci sto lavorando sopra ed io vi sto scrivendo per avere un aiuto da voi e di cambiare abiente e il mio essere di vita sempre se voi potete aiutarmi io ora mi rimane 8 anni 6 mesi cio un cumulo sono 4 anni vecchi e 4 e 6 mesi nuovi della rapina e io sto da 1 anno, nei termini vado tra 2 anni e finisco anche il 58 quaderno perché o fatto il reato quando stavo in affidamento io vi sto chiedendo questo aiuto no perché vorrei scaporsarmi il carcere xché io o sbagliato e giusto che paghi però vorrei essere seguito e aiutato o 24 anni e non voglio che esco e sto punto e da capo non ci voglio ricadere di nuovo anche se voi mi dite che cio il vostro aiuto e devo trasferirmi ad Uta anche se so che non si sta bene qua a Uta ci vengo oppure posso stare a Napoli questi 2 anni poi vado nei termini e mi trasferisco qua faccio altri 8 mesi 1 anno di osservazione a Uta e poi se posso continuare ad scontare altri anni da voi e rimanere qui a Cagliari vi sto cercando questo aiuto come un figlio*

Scusatemi della scrittura io vi lasco il mio indirizzo del carcere che sto CC Bellizzi Irpino via contrada Santo Oronzo 1° padiglione *nuovo ST315 3p CAP 83100 Avellino se mi potete rispondere su questo indirizzo xché tra pochi giorno sto al carcere di Avellino xché o finito la causa e salutatemi a Simona del giornalino e a tutte le volontarie in attesa del vostro scritto vi ringrazio questa e la mia data di nascita per farvi capire chi sono **. **. **** residente a ***** (NA) e spero che vi ricordate di me di tutte le domeniche che o partecipato alla vostra messa. Mi scuso di nuovo della mia scrittura.*

(Carcere di Cagliari – Uta)

Lasciamo correre il pentimento, i buoni propositi, il cosiddetto buonismo di quanti pongono la persona prima del reato e vengono accusati per questo di tralasciare il nocciolo della faccenda: che elementi come questo hanno violato la legge, non una sola volta, e in galera ci stanno perché lo impone la legalità. E meno male che lo tengono dentro perché uno così, fuori dal carcere, sarebbe un pericolo per la sicurezza delle brave persone: un ubriacone che gioca, si copre di debiti e delinque per pagarli. Meglio buttare via la chiave, piuttosto, altro che pena alternativa al carcere. Altro che Comunità!

È tutto vero: questo ragazzo si trova in prigione e potrebbe benissimo sfornare un cumulo di bugie nel tentativo di *scaporsarsi* la galera (sperando di aver ben interpretato la grafia); sarà bene ricordare che in stato di cattività, accusati di un reato, si ha il diritto di mentire. (C'è chi pensa si abbia il dovere di farlo.) E quando anche in buona fede – in ottima, abbondiamo! – ci si penta di aver offeso la legge in pensieri, parole, opere e omissioni esprimendo il proposito di non farlo più, non basta. Non basta perché pur di uscire da una prigione un detenuto sarebbe disponibile a qualunque azione, anche a vendere la madre a un nano (parafrasando uno che è stato prigioniero, illegalmente, e ha parlato di carcere e reati con rara lucidità).

Il senso di questa lettera sta altrove, nel tentativo, difficile, di marcare la distanza tra la percezione di un reato conosciuto attraverso i canali convenzionali d'informazione – televisione, internet, giornali, radio – e la realtà spaventosa che avviluppa spesso il delinquente.

Che non abbia padre, che la madre lavori in nero e debba dar da mangiare alla famiglia non sono bugie: è lo specchio fedele della sua esistenza, spesa in un ambiente difficile. Cerchiamo di immaginare quale realtà abbia frequentato questo ragazzo per finire in carcere da minorenne. Questo è un esempio di quei ragazzini sparati in televisione quando si parla delle baby gang dei quartieri degradati di Napoli, le paranze, che fanno tanta audience. Si potrà ben dire che sono dei piccoli delinquenti, che è anche vero, ma possiamo domandarci il perché? È così complicato capire che anche nostro figlio, quello di cui tanto andiamo orgogliosi, senza una famiglia che lo sostenga accompagnandolo nelle proprie scelte e se fosse inserito in un ambiente disagiato, di illegalità diffusa, di violenza e sopraffazione, avrebbe forti probabilità di fare la stessa fine?

E per questo dovremmo mandar fuori un fior di disgraziato che rapina la gente perché non si sa limitare nel bere e nel gioco? È questo che si vuole? Siccome non sarebbe colpa sua, non del tutto, lo autorizziamo a delinquere?

Neppure per idea! Di cosa si debba fare di costoro – frase infelice perché è un trattarli da esseri umani inferiori e ben per questo usiamola, visto che è tanto in voga – se ne parlerà diffusamente. E di certo non sarà mandarli liberi per le strade a bere, giocare e rapinare la gente per pagare i debiti. Chiediamoci, però, che senso abbia ficcarli in un carcere minorile, visto che numeri alla mano, numeri, non opinioni, quando ne escono sono peggiori di prima (dato che, se anche non passano direttamente alla galera per adulti per terminare la pena, non la fanno comunque aspettare a lungo, commettendo altri reati che ce li portano). E quando commettono i reati, dove sarebbe la tanto agognata sicurezza?

A ben vedere, è lo stesso estensore della lettera che identifica il problema di fondo, quando chiede di essere allontanato dall'ambiente che lo ha fatto diventare ciò che è e di essere aiutato a cambiare. Si rende conto che le persone che lo hanno circondato da ragazzino lo hanno plasmato e che il carcere lo lascia sostanzialmente tale e quale, se non lo peggiora. Questo non dimentichiamolo: la percezione che il carcere sia simile all'ambiente criminogeno di provenienza traspare chiaramente dallo scritto e, in maniera più o meno consapevole, è radicata nel sentire della gran parte dei reclusi.

C'è un'obiezione, la solita: non sarà che il furbastro sta barando per *scaporsarsela*? Risposta secca: che c'importa? Può anche barare, ne ha pure il diritto. Basta fare in modo che il suo ingannare, se anche ci fosse (perché dobbiamo pur considerare che potrebbe dire la verità), ovvero che sia o non sia davvero intenzionato a porre in essere uno sforzo sovrumano per cambiare, non abbia alcun effetto sul percorso che decidiamo debba seguire.

Esso dovrà essere stabilito in base a principi ferrei che possiamo elencare in breve: certezza della pena; sicurezza dei cittadini; economia. La pena va scontata. E il cittadino deve sapere che lo Stato attua strategie che impediscano, per quanto possibile, la commissione di reati (questo significa «sicurezza»: che si commettano pochi reati; senza ambire alla perfezione che non è del mondo degli umani).

Infine, che non si spenda un capitale, perché le tasse sono già alte e nessuno le paga volentieri. Se poi si riuscisse a coniugare tutto ciò con un trattamento umano e rispettoso della dignità della persona, garantito dalla Costituzione repubblicana, a proposito di legalità, costituirebbe un problema?

Ciò che importa, a questo punto, è compiere lo sforzo – per nulla facile, diciamolo chiaro – di capire che dietro le notizie fugaci contenute in un trafiletto della cronaca locale di un quotidiano o in un lancio di pochi secondi in un telegiornale non c'è solo il reato, ma una persona che lo commette, con una storia che può essere difficile e per nulla scontata. Ma non certo per giustificare comportamenti illeciti, lasciando che i delinquenti vadano a spasso impuniti, quanto per organizzare una risposta funzionale al bene della collettività, alla sua sicurezza, a un vivere sereno. Se si fosse così bravi da trovare la soluzione adatta, essa potrebbe coinvolgere anche il reo, una volta avuta la ragionevole sicurezza che sia disposto a non perseverare nel crimine, come prescrive la legge.

Se ci si reca dal medico per segnalare un'alterazione della temperatura e viene prescritta l'aspirina senza neppure una visita sommaria, meglio cambiare dottore senza pensarci due volte. Per una terapia corretta è necessario capire la malattia, conoscerla. E ogni malato necessita di una terapia mirata, essendo diverso da tutti gli altri. Per i criminali, adoperando questo lemma nel senso di «persona responsabile di un illecito», è esattamente lo stesso: ciascuno è un essere umano portatore di una storia unica, spesso complicata, sempre complessa, umana quindi, mai banale al di là delle apparenze; una storia che ha il diritto di essere considerata per il bene della collettività e del reo, per trovare la soluzione ottimale per entrambi.

MERCOLEDI 9-5-2012

CARISSIMO DON ETTORE

MI CHIAMO [redacted] SONO NATO A [redacted] IL [redacted] ATTUALMENTE MI TROVO NEL CARCERE DI BUON CAMMINO A CAGLIARI, SONO IL BABBO DI [redacted]. SCRIVO A LEI PER FARLE CONOSCERE LA MIA SITUAZIONE, E SENTO DENTRO DI ME UN GROSSO DISAGIO E IMBARAZZO, PER PRIMA COSA VOGLIO RINGRAZIARLA PER AVER VOLUTO CONOSCERE QUESTA MATTINA LA MIA FAMIGLIA E IL MIO AVVOCATO PER ME UN FRATELLO MINORE LE SARO' GRATO PER SEMPRE PER TUTTO QUELLO CHE FA. SAREI FELICISSIMO PER MIO FIGLIO [redacted] SE TUTTI INSIEME RIUSCIAMO A RECUPERARLO DALLA STRADA, E QUESTO MI PREOCCUPA TANTISSIMO. QUANDO SONO STATO ARRESTATO PIU' DI DUE ANNI FA' [redacted] AVEVA POCO PIU' DI DODICI ANNI, RIENTRAI A CASA DELLA MIA EX MOGLIE ACCOMPAGNATO DA 8 FINANZIERI IN BORGHESE CHE VOLLERO PERQUISIRE TUTTA LA CASA IO MANCAVO DA CASA UNA SETTIMANA, [redacted] ERA APPENA RIENTRATO DALLA SCUOLA PUO' IMMAGINARE LA SORPRESA DI MIO FIGLIO E DI [redacted], SONO RIMASTI SCOCCATI DA TUTTO QUESTO, ANCHE SE DEVO RICONOSCERE CHE I FINANZIERI SI SONO COMPORTATI BENE CON LORO, AVENDO PRIMA DATO LA MIA PAROLA AL COLONELLO CHE IN CASA NON AVREBBERO TROVATO NULLA DI QUELLO CHE CERCAVANO, E COSI È STATO NON TROVARONO NULLA. LA MIA EX MOGLIE [redacted] SOFFRE DI DEPRESSIONE ANSIOSA DA PIU' DI TRENTANNI CON UN RAGAZZO DA SEGUIRE E IL PADRE IN CARCERE, COME PUO' BEN CAPIRE LI HO LASCIATI IN UNA SITUAZIONE DRAMMATICA, [redacted] È PEGGIORATA TANTISSIMO IN SALUTE E [redacted] È DIVENTATO UN

Mercoledì 9-5-2012
Carissimo Don Ettore
*Mi chiamo ***** ***** sono nato a ***** il **-**-**** attualmente mi trovo nel carcere di Buoncammino a Cagliari, sono il babbo di *****. Scrivo a lei per farle conoscere la mia situazione, e sento dentro di me un grosso disagio e imbarazzo, per prima cosa voglio ringraziarla per aver voluto conoscere questa mattina la mia famiglia e il mio avvocato per me un fratello minore le sarò grato per sempre per tutto quello che fa. Sarei felicissimo per mio figlio ***** se tutti insieme riusciamo a recuperarlo dalla strada, e questo mi preoccupa tantissimo. Quando sono stato arrestato più di due anni fà ***** aveva poco più di dodici anni, rientrai a casa della mia ex moglie accompagnato da 8 finanzieri in borghese che vollero percuisire tutta la casa io mancavo da casa una settimana, ***** era appena rientrato dalla scuola può immaginare la sorpresa di mio figlio e di *****, sono rimasti scoccati da tutto questo, anche se devo riconoscere che i finanzieri si sono comportati bene con loro, avendo prima dato la mia parola al colonnello che in casa non avrebbero trovato nulla di quello che cercavano, e così e stato non trovarono nulla. La mia ex moglie ***** soffre di depressione ansiosa da più di trentanni con un ragazzo da seguire e il padre in carcere, come può ben capire li ho lasciati in una situazione drammatica, ***** è peggiorata tantissimo in salute, e ***** è diventato un un ragazzo triste gli è crollato il mondo addosso a perso il suo punto fermo, il suo faro, il ragazzo non ha potuto più fare sport calcio per lui era tutto e tante altre cose che gli piacevano. Tutto questo solo per colpa mia non potrò mai perdonarmelo, ormai dal mio arresto sono passati più di due anni e fatto due processi con una condanna a tredici anni e quattro mesi 400.000 euro di multa sequestro dei beni compreso la casa della mia ex moglie, rimanendo l'ultimo grado di giudizio la cassazione. E purtroppo come spesso succede in queste situazioni ***** è molto cambiato diventando con la madre scontroso polemico non rispetta gli orari,*

*a scuola non va bene, in casa e disordinato, e menefreghista, quasi fosse colpa della madre di questa situazione. Ogni volta che ci vediamo al colloquio cerco di mediare fra lui e la madre cercando di trovare una soluzione per entrambi, a volte perdo la pazienza e lo rimprovero pesantemente «sbagliando» come sempre, alla fine ci abbracciamo tutte due, io gli dico sempre che se lui e la mamma si trovano in questa situazione e solo «colpa mia», e la madre sta facendo miracoli per tirare avanti, lui si mette a piangere dicendomi che gli manco tanto e non vede l'ora che io esca dal carcere. Con ***** ho un'ottimo rapporto mi parla di tutto sport calcio scuola (amicizie e questo mi preoccupa molto) perché e più di un anno che fuma e penso che vada oltre alla sigaretta perché ingenuamente mi dice che alcuni dei suoi amici fumano lo spinello però lui nega di farne uso e questa situazione preoccupa me e la madre. Così un giorno ne parlai con ****** [compagno di prigionia noto al destinatario della lettera] *delle mie paure verso mio figlio, che cada in una strada sbagliata, con tutte le conseguenze, ***** come sempre da tutta la sua disponibilità, non finirò mai di ringraziarlo, col tempo ci siamo messi assieme in cella condividendo tutto* [segue una frase omessa per motivi di privacy] *e sono onorato di aver fatto la sua conoscenza, lo sento un fratello maggiore che tutto dà e nulla chiede in cambio. Caro don Ettore avrei tante cose da scrivere soprattutto di questo «mio errore» facendo precipitare la mia ex moglie ***** e mio figlio ***** in una situazione veramente difficile, vorrei veramente fare qualcosa per riparare almeno in parte al mio errore, e ogni volta che li saluto al colloquio trà mé penso che il carcere lo stanno facendo loro e non io, è questa la pura verità. Caro Don Ettore spero tanto che lei mi possa aiutare a risolvere la situazione di mio figlio, e sperando di poter fare la sua conoscenza la saluto cordialmente*

***** *****

(Carcere di Cagliari – Buoncammino)

Naturalmente la lettera non parla di chi la scrive, sembra anzi che per lui l'essere finito in carcere non sia poi così terribile, per quanto riguarda la propria condizione personale. In fondo neppure per noi, mentre ci intromettiamo, chissà con quale diritto, in una storia che non è per nulla rara: il profondo disagio di un figlio il cui padre si trovi in carcere e la possibilità per niente remota che presto o tardi gli accada la stessa cosa, di finire dentro.

Della vicenda delineata dallo scritto non conosciamo i dettagli, né sappiamo cosa cercasse la numerosa pattuglia di finanzieri guidati da un colonnello. Dato lo spiegamento di forze e la presenza dell'alto ufficiale, possiamo escludere piccolezze: non erano alla caccia di acqua minerale contraffatta, come del resto indica l'ammontare della pena comminata. Potremmo immaginare di che cosa fossero a caccia ma è inessenziale: che sia finito dentro per una ragione o l'altra, c'è un dodicenne privato del padre con un atto traumatico e non per propria colpa. Affidato a una madre in palese crisi. Forse bisognosa di supporto anche lei. Un bambino che, privo di un genitore e con l'altro in difficoltà, dopo due anni, alla soglia dell'adolescenza, manifesta un preoccupante disagio, tanto da richiedere un intervento per *levarlo dalla strada*. Ci stupiremmo se accadesse di trovarlo protagonista di un trafiletto nelle pagine di cronaca per un lieve reato? E poi un secondo seguito da un terzo che lo conducesse in un carcere minorile, preannuncio di una carriera assicurata di detenuto? E se il trafiletto non riportasse che questo signore, ormai maggiorenne, è rimasto senza padre a dodici anni perché gliel'hanno messo in galera?

A scanso di equivoci, è bene sottolineare che la presenza del dodicenne non implica certo l'impunità per il padre. Questi ha commesso un reato grave e deve scontare una pena. Resta, certo, anche il dubbio se un padre come questo sia capace di svolgere un ruolo dignitoso di genitore, perché il generico voler bene ai figli non è certezza della capacità di saperli consigliare per il meglio.

Ciò che sconvolge, piuttosto, è il suo porsi di fronte al problema del figlio a rischio: prima chiede aiuto a un privato – un sacerdote è un privato – e non allo Stato, a un servizio sociale, perché ne conosce benissimo la scarsa consistenza. E poi si affida a un altro carcerato: lui sì che saprà consigliarlo per il meglio! Quale emulo di Borges potrebbe immaginare una situazione più surreale? Un bambino in difficoltà esistenziale, a rischio delinquenza, che cerca conforto da una visita in carcere per ricevere lezioni di vita e assistenza psicologica da un padre carcerato per un grave reato; a sua volta confortato da un altro detenuto, magari condannato per reati di peso ancora maggiore. Quante volte leggiamo queste storie in un quotidiano o ne sentiamo parlare alla televisione? E quante ci domandiamo se il ladruncolo, il borseggiatore, il taccheggiatore, il rapinatore la cui cattura ci consola (salvo lamentarci se un giudice li fa uscire dal carcere) abbia una vita feroce dietro le spalle? Se non sia facile cadere nella delinquenza qualora non si abbiano altre possibilità o se la sorte pone di fronte un piano inclinato cui è difficilissimo sottrarsi?

Ciò chiesto (con poche aspettative di risposta, visto che il carcere è una pattumiera sociale colma di disagio), non sarebbe il caso di prendere le opportune contromisure prima che il piano inclinato produca effetti definitivi? Lo sfortunato ragazzino il cui padre tanto si preoccupa – tra l'altro teme possa assumere droghe e non si può evitare di domandarsi cosa mai cercassero gli otto finanzieri a casa sua – e che forse ne ha già combinata una, non potrebbe ricevere un aiuto nel quadro della pena inflitta al padre, visto che non ha nulla a che spartire con essa?

UTA
10 luglio 2015
*Gent.mo Don Ettore chi le scrive è ***** ***** perché ***** dopo che ha tentato quella fesseria durante il salvataggio, come gli ho strappato l'asciugamano, ha sbattuto il polso e quindi gli fa male la mano e non può scrivere.*
Mi ha chiesto a me se potevo scrivere io 2 righe. Purtroppo la situazione non la sta prendendo assolutamente bene. Sta entrando in depressione e si sta chiudendo in se stesso. E questo mi preoccupa molto. Le chiedo cortesemente se potesse venire urgentemente a trovarlo. Mi sembra di aver capito che lei è l'unica persona a cui lui tiene veramente e forse potrebbe farlo ragionare.
*Tempo addietro gli ho tolto la lametta dalle mani perché si voleva tagliare le vene e lasciarsi morire nel letto. ***** non era così. Però lui dice che questo reato non l'ha assolutamente commesso e il fatto di averlo preso da Giuda non riesce ad accettarlo. Oltretutto dice che quel ragazzino che è stato coinvolto con lui in questa sporca storia, ha una bambina di un anno e questo gli pesa sulle spalle. Spero che verrà a trovarla presto.*
Io invece ho iniziato uno sciopero della fame e della sete, ad oltranza, e la mia battaglia è per i miei bambini che sono inseriti insieme alla madre in una casa famiglia senza motivo. Infatti sia la madre che i bambini stessi negano ogni tipo di violenza fisica o psicologica da parte mia.
Mia madre ex missionaria saveriana prima e di Villaregia di Contarina [?] *e mio padre ***** ***** giudice di Pace hanno chiesto di poter tenere i bambini con loro, come tutori ma gli è stato negato.*
Anzi non hanno avuto risposta.
Penso che ci sia la volontà economica piuttosto di politica per lasciare miei figli il quella situazione.
Ora la saluto chiedendole umilmente se può mettere una buona parola affinché i bambini possano tornare con la madre nelle

*loro case (che tra l'altro ho avuto, unico di 900 persone coinvolte nell'alluvione di ***** proprio grazie ad uno sciopero della fame e della sete, anche perché le spettava stante la legge 13 dell'89.)*
Grazie dell'interessamento
Distinti saluti

***** *****

(Carcere di Cagliari – Uta)

Bambini, bambini... Quanti bambini e ragazzini finiscono per pagare, anche loro, sbagli ed errori dei genitori, e con poche probabilità che questi possano indicare loro una strada da seguire e sostenerli nelle scelte.

Anche di fronte al tentativo di suicidio – forse autentico, forse no, non ripetiamo l'ovvio: si ascoltano voci di prigionieri, non cori di angelici cherubini; e comunque i detenuti si uccidono venti volte di più della media nazionale – l'attenzione si punta verso chi pare avere ancor meno voce dei carcerati, tanto che le loro invocazioni di aiuto vanno cercate dietro le parole dei genitori. Fino a quando, presto o tardi (ma è la prima eventualità che prevale), sono loro che parlano in prima persona. E allora potrebbe essere tardi.

Egregio Don Ettore, vengo a lei, anzitutto presentandomi
*Mi chiamo ***** *****, sono arrivato al suo indirizzo tramite un amico di nome ***** *****, mi ha chiesto di farglielo presente, saltando gli inconvenevoli, le parlo della mia situazione, diciamo drastica, sono tossicodipendente dall'età di 13 anni, ora ne ho cuasi 34, escludendo ovviamente parecchi anni trascorsi in carcere, che a poco mi sono serviti.*
Tempo addietro mi venne proposta l'opportunità di provare un programma presso una comunità, ma essendo giovane e di conseguenza anche un po' arrogante = stupido, rifiutai, preferendo la detenzione, cuesto successe duo o tre volte, a oggi non voglio

neanche pensare alla mia ignoranza, certamente non sapendo cosa il destino aveva in serbo per me.
Ma parliamo dei nostri giorni, oramai sono tre anni che sto di nuovo in carcere, per il reato di rapina, non le nascondo che a finire manca ancora molto, per l'esattezza 7 anni e cualche mese.
Sò bene che la legge non consente forme alternative se non al di sotto dei 4 anni, ma sarò sincero nel dirle che hò visto cualche ragazzo andare in comunità con la mia stessa situazione.
In cuesti ultimi mesi rifflettevo se chiedere un trasferimento in un carcere penale nel nord, ove avrei potuto riprendere gli studi per diplomarmi, e avere le opportunità che un penale ofre ai detenuti definitivi, cuesta mia decisione comporterebbe ovviamente, trascurare cuello che a oggi è il mio vero problema, e per cuesto chiedo un consiglio a lei, che sicuramente per esperienza avrà già visto problemattiche simili alla mia, scusi la mia spudoratezza, ma oltre a ciò, le chiedo se può indirizzarmi su cualche operatore che possa veramente aiutarmi, sì perché in cuesto momento hò un serio o meglio vero bisogno d'aiuto, mi trovo in un momento psicologicamente favorevole a provare seriamente a risolvere cuesto odioso problema, sa ché le tentazioni son tante, ma per mé, fare il passo giusto in cuesto momento della mia vita dedicata all'eroina, non vorrei peccar di presunzione, ma rispetto a cualche anno fa, mi sento più maturo nelle mie scelte, l'unica cosa che mi manca, è una buona guida che mi aiuti a riscoprire le basi che tutti noi abbiamo, ma alcuni di noi le smarriscono strada facendo.
Chiudo questa mia, rivolta a lei nella speranza di avere un riscontro positivo.

Anticipatamente Don Ettore la ringrazio per l'attenzione a mè rivolta, la saluto con una stretta di mano.

***** *****

(Carcere di Cagliari – Buoncammino, inizio gennaio 2006)

Se non ci fosse la data a escluderlo, questo potrebbe essere il figlio sfortunato del padre rifugiatosi nelle affettuose attenzioni, e nei consigli (ecco il vero problema!), del compagno di cella.

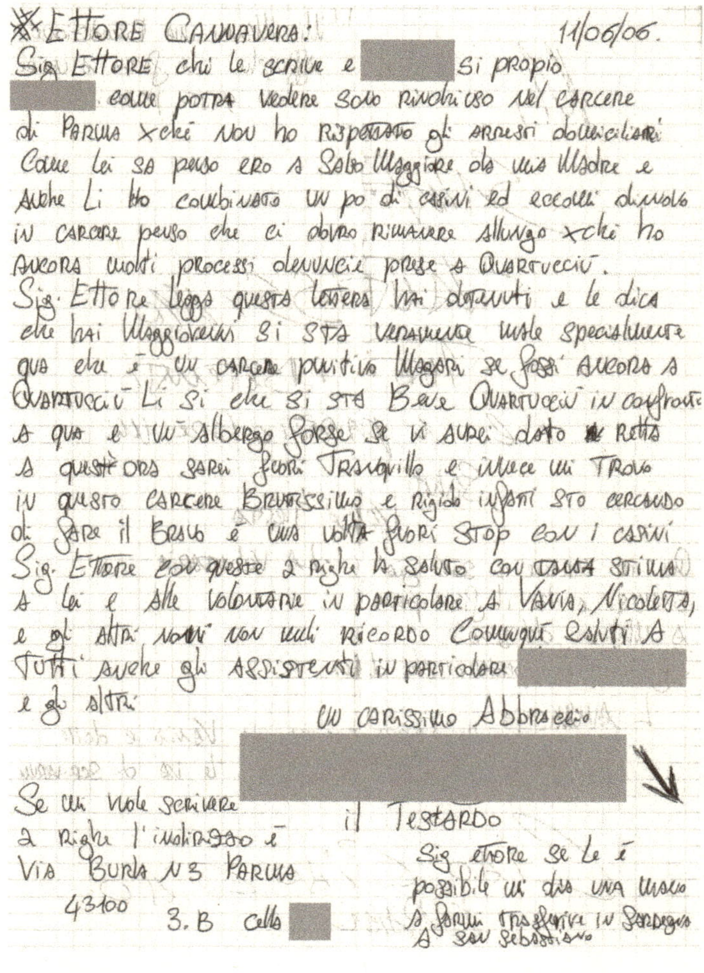

Ettore Cannavera: 11/06/06.
Sig Ettore chi le scrive è [redacted] si propio
[redacted] come potrà vedere sono rinchiuso nel carcere
di Parma xchè non ho rispettato gli arresti domiciliari
Come lei sa penso ero a Salso Maggiore da mia Madre e
Anche Li ho combinato un po di casini ed eccomi di nuovo
in carcere penso che ci dovrò rimanere allungo xchè ho
ancora molti processi denuncie prese a Quartucciu.
Sig. Ettore legga questa lettera hai detenuti e le dica
che hai Maggiorenni si sta veramente male specialmente
qua che è un carcere punitivo Magari se fossi ancora a
Quartucciu Li si che si sta Bene Quartucciu in confronto
a qua è un albergo forse se vi avrei dato retta
a quest'ora sarei fuori Tranquillo e invece mi Trovo
in questo carcere Bruttissimo e rigido infatti sto cercando
di fare il Bravo e una volta fuori stop con i casini
Sig. Ettore con queste 2 righe la saluto con tanta stima
a lei e alle volontarie in particolare a Vania, Nicoletta,
e gli altri nomi non mi ricordo comunque saluti a
tutti anche gli assistenti in particolare [redacted]
e gli altri
un carissimo Abbraccio
[redacted]
il Testardo

Se mi vole scrivere
2 righe l'indirizzo è
Via Burla N3 Parma
43100 3.B cella [redacted]

Sig ettore se le è
possibile mi dia una mano
a farmi trasferire in Sardegna
a San Sebastiano

X Ettore Cannavera *11/06/06.*

*Sig Ettore chi le scrive è ***** si propio ***** come potra vedere sono rinchiuso nel carcere di Parma xché non ho rispettato gli arresti domiciliari*

Come lei sa penso ero a Salso Maggiore da mia Madre e anche li ho combinato un po di casini ed eccomi di nuovo in carcere penso che ci dovro rimanere allungo xché ho ancora molti processi denuncie prese a Quartucciu.

Sig. Ettore legga questa lettera hai detenuti e le dica che hai maggiorenni si sta veramente male specialmente qua che è un carcere punitivo magari se fossi ancora a Quartucciu li si che si sta bene Quartucciu in confronto a qua e un albergo forse se vi avrei dato retta a quest'ora sarei fuori tranquillo e invece mi trovo in questo carcere bruttissimo e rigido infatti sto cercando di fare il bravo e una volta fuori stop con i casini

*Sig Ettore con queste 2 righe la saluto con tanta stima a lei e alle volontarie in particolare a Vania, Nicoletta, e gli altri nomi non meli ricordo Comunque saluti a tutti anche gli assistenti in particolare *****, *****, e gli altri*

un carissimo Abbraccio
****

il Testardo

Se mi vuole scrivere
2 righe l'indirizzo è
Via Burla N3 Parma
43100
*3.B cella ***

Sig Ettore se le è
possibile mi dia una mano
a farmi trasferire in Sardegna
a San Sebastiano
Mi mandi una benedizione
affinche cela faccia a uscire
da questo posto

Mi saluti

Tantissimo
Tutti i detenuti
e in particolare mi
saluti

Vania *****
La volontaria

Qua in carcere ci sono già
3 mesi e ho il fine pena
a marzo del 2007
Sig Ettore speriamo che diano
L'amnistia

mi faccia scrivere da Vania e dalle
volontarie sempre se le va di scrivermi

ciao *ciao ciao*
*****

(Carcere di Parma)

Carissimo Ettore
*A scrivertti questa lettera è ***** *****
Spero che tu possa stare il meglio possibile
Sono passati 10 anni da l'ultima volta che ci siamo visti, perché io ormai ho 30 anni e l'ultima volta che sono stato al carcere Minorille ne avevo 20 sai doppo tutto questo tempo non ne ero tanto sicuro che tu ti ricordavi di me daltronde in 10 anni chi sa tutti i ragazzi che avvrai conosciuto posso dirti che ogni tanto ti vedo alla TV ti ho visto su videolina e altri canali reggionali non vorrei sbagliarmi ma un bel po di tempo fa mi senbra di averti visto su MAURIZIO COSTANZO spero di non essermi ricordato male
Communque Ettore la mia ragazza da pocco è venuta con la scuola a fare visita nella tua Comunità, io ho colto l'occasione

per mandarti i miei saluti e per porgerti la stima che ho sempre avuto nei tuoi confronti, poi mi ha detto la mia ragazza che volevi sapere la mia posizione giuridica
Caro Ettore devi sapere che mi anno arrestato per Rapina, pultroppo stavo passando un brutissimo periodo ero senza lavoro poi per altri mottivi che ora sono troppo lunghi da spiegare comunque ho fatto la sciocchezza di fare questo reato, tu lo sai Ettore che sono un bravissimo ragazzo solo che ogni tanto mi sono perso in alcune fesserie

La mia condanna è di 3 anni e 6 mesi
In carcere mi trovo da due anni

Mi sono sempre comportato bene e mi hanno tolto 6 mesi di carcere per la buona condotta
Il mio residuo pena è di 1 ANNO e 2 MESI
Ti faccio sapere che sto beneficiando dei permessi premio e gli trascorro a Carbonia a Casa di mia madre ora sto aspettando il terzo che sarà di 7 giorni a Marzo
Ettore io non mi sono mai drogato vorrei chiedere un affidamento presso la coperativa di Iglesias SAN LORENZO vorrei lavorare li pero rientrare a dormire a Casa di mia madre visto che le distanze vicine tra Carbonia e e Iglesias mi basterebe prendere un pulman, ho pure una moto e mi verrebbe molto facile raggiungerla
Ettore io non so come mi potresti aiutare tu pero sappi che se non c'è la possibilita che non mi prendano nella coperativa di Iglesias io sono disposto a lavorare in qualsiasi posto e qualunque coperativa che tu conosci, sono disposto a spostarmi anche in altre zone, pure vicino a te.

Ettore io il tuo numero di telefono non c'è lo pero ti do il numero di casa di mia madre in tal caso mi vuoi contatare

Caro Ettore mi ha fatto molto piacere scrivertti questa lettera ti mando i più affettuosi saluti stami bene e salutami i ragazzi della Comunità
*Con affetto ******

*TEL ******
Ciao Ettore

(Carcere di Cagliari – Buoncammino)

Eccoli (quanti ce ne sono!), i figli problematici di padri e madri problematici, inseriti in realtà problematiche, finalmente nel luogo al quale paiono destinati fin dalla più tenera età: il carcere. Non sono più ragazzini e l'asilo del carcere minorile li ha trasferiti traumaticamente all'università delle case circondariali, con le quali iniziano un tragico balletto che potrà durare tutta la vita.

E se i benpensanti si sentono al sicuro nelle proprie casette di cui pagano ogni mese il mutuo ritenendo che a loro non possa capitare, perché in famiglia certe cose sono impensabili...

20.12.2012
*Caro don Ettore, mi chiamo ***** ***** e sono la sorella di *****.*
Le ho scritto tempo fa parlandole di mio fratello.
E ora le scrivo ancora. Probabilmente avrà saputo da mio papà che ci stiamo avvicinando al giorno del processo x mio fratello e quindi della sentenza. Non le nascondo la mia paura, il timore di ciò che succederà, della pena che gli verrà data. Spero ancora con tutto il mio cuore che lui possa seguire un percorso alternativo al carcere, che gli dia l'opportunità di ritrovare sé stesso e di perdonarsi. Purtroppo ho saputo che non potrà venire in comunità lì da lei per problemi di età. Non so se posso permettermi di chiederglielo ma la prego con tutto il cuore, se le è possibile, di aiutarlo comunque.

20.12.2012

Caro don Ettore, mi chiamo [redacted]
e sono la sorella di [redacted]. Le ho scritto tempo
fa parlandole di mio fratello.
Ora le scrivo ancora. Probabilmente avrà saputo
da mio papà che ci stiamo avvicinando al
giorno del processo x mio fratello e quindi della
sentenza. Non le nascondo la mia paura, il timore
di ciò che succederà, della pena che gli verrà data.
Spero ancora con tutto il mio cuore che lui possa
seguire un percorso alternativo al carcere, che gli
dia l'opportunità di ritrovare sé stesso e di perdonarsi.
Purtroppo ho saputo che non potrà venire in comunità lì
da lei per problemi di età. Non so se posso permettermi di
chiederglielo ma la prego con tutto il cuore, se le è
possibile, di aiutarlo comunque. La prego. L'avvocato ci
chiede una dichiarazione di disponibilità ad accettarlo
in comunità, io non so cosa possa fare lei a proposito
ma la prego con tutto il cuore di non abbandonarci.
Vedo [redacted] sempre più demoralizzato e impaurito,
bisognoso di parole di conforto e di appoggio morale.
Se le è possibile, la prego di scrivergli. X dargli conforto,
perché abbia una speranza, la speranza di potersi
rinnovare. E se ci fosse anche solo una minima
possibilità di poterlo ospitare lì da lei, la prego ci
aiuti. Rivolgerò ad altre comunità dove nessuno

I N F I N I T Y UNCONVENTIONAL EDUCATION

La prego. L'avvocato ci chiede una dichiarazione di disponibilità ad accettarlo in comunità, io non so cosa possa fare lei a proposito ma la prego con tutto il cuore di non abbandonarci.
*Vedo ***** sempre più demoralizzato e impaurito, bisognoso di parole di conforto e di appoggio morale. Se le è possibile, la prego di scrivergli X dargli conforto, perché abbia una speranza, la speranza di potersi rinnovare. E se ci fosse anche solo una remota possibilità di poterlo ospitare lì da lei, la prego ci aiuti. Rivolgersi ad altre comunità dove nessuno lo conosce e ci conosce diventa difficile.*
E avere una dichiarazione di disponibilità è ancor + complesso.
*So che non ci conosciamo ma se nelle mie parole ha scorto anche solo un po' di buoni propositi, la prego di aiutarmi. Non vedo luce alla fine di questo tunnel in cui siamo stati catapultati. Quest'anno, inutile dirlo, sarà un Natale tristissimo, terribile senza *****. E il saperlo solo mi sta uccidendo. A colloquio, due giorni fa mi ha detto che preferisce stare solo perché non si trova molto con gli altri. E come si può trascorrere un Natale sereno? Ho bisogno di qualche certezza, che però non c'è. Non so più dove trovare la forza per andare avanti.*
La prego ci aiuti, mi dica che non è finita, che si può ancora sperare. Spero che Dio riesca a darmi la forza x guardare avanti, x sperare in un futuro migliore, anche se l'unica cosa che riesco continuamente a chiedermi è perché sia successo proprio a noi. Noi che siamo sempre stati uniti, perché una simile tragedia?
Scusi se mi sono permessa di scriverle ancora ma non so più davvero cosa fare, sono a pezzi.
Spero che questa lettera le arrivi il prima possibile, e spero di ricevere una sua risposta il prima possibile.
Grazie intanto di avermi ascoltata.

Un abbraccio *****

La disperazione di una sorella che chiede un'opportunità per il fratello. Buona proprietà di scrittura, una lettera composta e scritta bene, una grafia ordinata per quanto sottilmente irregolare (sul retro del foglio, privo di quadrettatura, non pubblicato) quando la narrazione cade sull'enormità dell'accaduto, sull'abisso che si apre sul futuro. È comprensibile. Una famiglia come tante, *unita*, una *buona famiglia*: com'è potuto accadere proprio a loro?

Questa non è la realtà degradata di una famiglia borderline, non c'è la droga, la prostituzione, il malaffare. Non ci sono i finanzieri che piombano in casa a cercare l'acqua minerale taroccata. Sono quelli della porta accanto, che può capitare litighino ogni tanto (e chi non litiga?), ma sono proprio come noi: brava gente.

Eppure il fratello, per il quale si chiede un'opportunità, ha ucciso la moglie, forse durante un litigio per futili motivi, gelosia o altro. Si trova in carcere in attesa di affrontare il processo.

E se leggiamo le lettere che ruotano attorno alla vicenda non è per parlare di lui, dell'assassino: c'è dell'altro.

16 marzo [2012]
Caro Don Ettore sono contento di aver fatto la sua conoscenza ieri, spero di non averla assillata con i miei problemi, ma sento che quando mi sfogo con qualcuno dopo mi sento un po' meglio. Sembra che i miei problemi pesino meno sulle mie spalle; devo confidarle che sono una persona abbastanza malfidente e non con tutti mi apro come ho fatto il 15 Marzo.
Questa malfidenza nasce da una brutta esperienza dove dopo un incidente in macchina, sono rimasto paralizzato a letto e i miei numerosi amici che tanto mi circondavano quando ero sano, si sono volatilizzati tutti, anche quelli che reputavo i migliori.
La fase di risalita è stata molto lunga e difficile ma mi ha fatto radicalmente cambiare carattere, molto più selettivo e con quella malfidenza verso le persone che mi circondano che non conosco

bene. Devo però dire che nell'amicizia non ho delle misure, dò tutto me stesso aprendomi completamente cercando di far capire i miei pregi e i miei difetti.
*Molte volte, stando in questo nuovo posto, mi interrogo per capire se, avendo fatto un gesto così estremo, posso definirmi un bravo padre per mio figlio *****.*
*Nella mia testa parte quasi sempre così per poi ampliare con una miriadi di interrogativi come: «Come posso essere un bravo padre per ***** se gli ho tolto la madre?» «Come posso essere un bravo padre quando la vita di mio figlio sarà segnata dal gesto estremo che ho fatto io, con le conseguenze nell'essere additato per una colpa non sua. È come un vortice dove la mia testa cade ogni volta per poi sfociare nella disperazione di un futuro «nero»; Mi sarebbe piaciuto molto cercare in qualche modo chiedere, per quello che può servire, umilmente scusa alla madre della mia *****. Ho pensato che il peso della mia coscienza potesse essere un po' allieviato da una comunicazione con la mia ex suocera, avevo pensato in una lettera ma i miei avvocati non l'hanno mai recapitatagli perché troppo compromettente, a loro dire, perché sarebbe potuto servirgli all'avvocato della controparte per alimentare l'opinione pubblica. Ho cercato nel modo più umile di chiedere perdono per un gesto ingiustificabile, a livello umano, e fare appello all'amore di una nonna verso suo nipote ***** dando ascolto alle parole di sua figlia *****. Si Don Ettore, ai tempi che furono mia moglie dopo aver scoperto del suo tradimento, siamo andati a casa di sua madre per parlare di una separazione consensuale e pacifica e proprio li davanti a sua madre, la ***** aveva espresso il suo desiderio, che ***** lo avrebbe allevato mia madre ***** e mio padre *****, perché non si fidava del marito di sua madre.*
*La madre ha 50 anni e lavora tutto il giorno in una casa di accoglienza per anziani mentre il marito molto più maturo è in pensione, quindi sarebbe stato lui ad occuparsi di nostro figlio ***** per la maggior parte del tempo.*

Ritornando a noi Don Ettore in quella lettera di scusa ho colto anche l'occasione per chiedere alla mia ex suocera di eliminare l'odio che la sovrasta nei miei confronti, odio perfettamente giustificabile, che può andare solo a discapito della persona più debole e indifesa.

*Io sono sicuro e convinto che ***** (mia ex suocera) ama suo nipote ma l'odio è un sentimento autodistruttivo, io per primo l'ho sperimentato sulla mia pelle, ti fa reagire in modo sbagliato perché ti offusca il vero obiettivo, l'amore verso *****, un amore che abbiamo in comune e quindi la vera domanda che dobbiamo porci, è quella di capire qual'è la cosa migliore per questo bambino innocente.*

*Io ho molta vergogna nel chiederle Don Ettore se con la sue esperienza e con le parole giuste riesce a comunicare con ****** [suocera] *per farle capire qual è la strada giusta per ****** [figlio].

*Io se potessi riparare al mio errore con la mia vita stessa lo farei, ma sono consapevole che oltre a non cambiare niente peggiorerei la situazione. Concludo questa lettera, Don Ettore che devo confessarle che il peso della mia coscienza mi ha fatto pensare più volte un gesto altrettanto estremo nei miei confronti, ma la cosa che mi ha bloccato è l'amore immenso che provo verso ***** e sarebbe solamente un gesto egoistico.*

La saluto e la ringrazio di cuore per ciò che ha fatto per me e non solo.

*Il papà di ******

*P.S. So che è andato a conoscere mio figlio ***** grazie mille!*

(Il nome del carcere viene omesso per motivi di privacy)

Questa tristissima vicenda ha causato una morte e almeno due vittime (al netto della distruzione di tre famiglie): la mamma, uccisa; il bimbo, rimasto senza genitori.

Nessun giudizio sulla prima lettera, che non nomina mai la morta né il piccolo orfano; né sulla seconda, sul pentimento dell'assassino, se sia vero o meno. E neppure sui modi e toni, se sia impostata per impressionare favorevolmente una persona potenzialmente utile per ottenere benefici, o se contenga il vero pensiero dell'estensore. Ciò che pensa davvero lo sa solo lui, e neppure questo è certo, e non c'è alcun diritto di ergersi a giudici.

Ciò che si può notare, invece, e forse si deve, è il trasferimento di sé nel figlio. Quest'uomo si cancella diventando il *papà di* *****, come continuerà a firmarsi nel prosieguo dello scambio epistolare (salvo in un'occasione). Perché sottolinearlo? Per domandarsi che ne sarà di lui, del piccolo, se questa vicenda potrà porlo in una situazione di disagio tale da tramutarlo, presto o tardi, in un articolo di giornale, un passaggio televisivo, un litigio da talk show. Potrebbe darsi che proprio il *papà di* ***** dal carcere, possa rispondere all'interrogativo, ma bisogna avere la pazienza di leggere ciò che scrive.

22 Maggio 2013
Carissimo Don Ettore ho ricevuto la sua lettera di conforto dove mi dice che il mio futuro con mio figlio ***** *sarà roseo, ma come saprà e se ancora non ha capito io sono una persona pessimista di natura. Sono molto orgoglioso e per concludere ho una buona dose di testardagine, un bel tris di difetti che rendono il mio carattere duro con le persone che non lo «meritano», ma so anche essere molto dolce e buono con chi contraccambia i cosidetti buoni sentimenti.*
Volevo informarla, se ancora non è al corrente, che finalmente ho fatto il processo di primo grado il ** ***** *dove il Pubblico Ministero ha chiesto 16 anni e il giudice (una donna) mi ha scalato un anno senza nessuna aggravante e senza «attenuanti generiche».*

*Il mio avvocato ***** è molto entusiasta del verdetto di 15 anni, ma io le devo confidare che quello che mi preme sapere e quindi esultare è il giorno che io potrò rivedere mio figlio *****.*
*Non le descrivo l'ansia di riabbracciare *****, perché non esiste aggettivo per descriverne la voglia senza sminuirne l'intensità, ho grande fiducia in un futuro in Sardegna con *****.*
*Tutti i sabati in chiesa confido le mie preghiere per ***** chiedendo al Signore di donargli un futuro felice e sereno perché la mia più grande preoccupazione è che per causa mia mio figlio avrà dei problemi relazionandosi con gli altri. Come ho sperimentato sulla mia pelle sò di certo che l'essere umano è cattivo e molte volte queste cattiverie vengono fatte gratuitamente e vorrei che ***** sia così forte da non soffrirci.*
*In questi giorni sono molto nervoso perché sono consapevole che la decisione degli arresti domiciliari in Sardegna cambierebbe nettamente non solo la mia vita ma riuscirei a costruire una nuova vita con *****.*
Cordiali saluti e scusi per le mie «paranoie» Don Ettore.

***** *****

19 Giugno [2013]
Carissimo Don Ettore sono in attesa di una risposta che potrebbe cambiarmi la vita radicalmente, in positivo, ed il «travaglio» di questa risposta è assai ansioso e doloroso.
*Nell'attesa devo informarla che ho un colloquio settimanale, ormai è la quarta volta, con un prete Don ***** *****, parroco del cremasco con il quale ho un dibattito molto spontaneo e colorito come se fosse il mio migliore amico da tempo.*
Devo ammetterlo ho bisogno di una valvola di sfogo, con una persona che non sia uno psicologo ma un amico molto particolare, il quale non può giudicarti e quindi puoi dirgli qualsiasi cosa senza preoccuparti di filtrare parole o frasi compromettenti che mi affliggono.

*Don ***** è un prete molto strano è un accanito fumatore e riempie le sue frasi con terminologie molto colorite come non ho mai sentito da nessun parroco. All'inizio ero molto scettico nell'aprirmi ad una persona che è stata mandata dai miei genitori, perché quasi costretto a farlo, dopo il primo colloquio pensavo che non lo avrei cercato più. Sorpresa! Don ***** è una di quelle persone che ho lo ami alla follia o lo odi a morte; ha un carattere molto forte e riesce sempre a tenere a bada alle mie provocazioni con domande molto dirette. Chiudendo l'argomento Don ***** vorrei dirgli che mi sono ancorato al suo ottimismo dell'ultima lettera dove trasuda quella risposta «positiva» per la comunità «La Collina», a proposito ho letto il vostro libro sulla comunità e mi sto immedesimando nell'attesa di quei ragazzi che hanno avuto tale opportunità, la quale sembra interminabile e insormontabile. La gioia nel sentirle dire che ora dobbiamo chiedere il permesso per far venire ***** a trovarmi per qualche giorno, è stata immensa. Il rivedere mio figlio ***** e stagli vicino per un giorno intero mi riempe di lacrime gli occhi dalla contentezza. Devo confidarle Don Ettore che ieri mia sorella e mio cognato mi hanno portato il mio nipotino ***** di 7 mesi, dove gli ho accolti nel posto più bello che offre questo carcere, «l'area verde», dove in un fazzoletto di giardino hanno messo 3 gazebi uno scivolo e 2 dondoli per i bambini. Il caldo era torrido, ma la giornata è stata bellissima, mi ha riempito il cuore di orgoglio nell'avere una famiglia che mi vuole così bene nonostante tutto quello che è successo. Non finirò mai di ringraziare i miei genitori, mia sorella, le mie cugine per tutto l'amore che mi stanno dando, molte volte penso di non meritarmelo tale amore.*

Spero nuovamente per me e mio figlio che potremmo riabbracciarci al più presto nella vostra comunità che ormai l'ho paragona al Paradiso.

*Un saluto dal papà di ******

8 Luglio 2013
Buona giornata Don Ettore, questa penso che sia la mia più triste lettera, devo ammettere che mi sento a terra e ancora mi sembra di sminuire il mio stato d'animo in questo periodo.
Sto vedendo tutto nero!
*- il mio futuro progetto di padre con il mio angioletto ***** si è sgretolato*
*- la vita qui a ***** mi sembra più schifosa del solito*
- Sto peggiorando caratterialmente e mi sto avvicinando sembra di più alla mentalità dei personaggi che popolano le carceri, e questo mi rende molto triste e amareggiato perché vorrei essere un padre migliore e non peggiore.
*Speravo di tutto cuore che il Giudice, si sia fatta un progetto per non eliminare una buona figura di papà per *****. Solo al pensiero che mio figlio possa soffrire, ancora, per causa mia mi rende pazzo.*
Non mi reputo un santo ma nemmeno quel mostro che hanno dipinto nel rigetto per la Collina. «Potenzialmente aggressivo e incapace di utilizzare freni inibitori in occasioni conflittuali, propenso, se messo in comunita con ragazzi, di ricommettere tale reato, detto estremo.»
Se sono davvero così come mi dipingete vi chiedo, anzi vi supplico di curarmi perché so solo che io amo mio figlio più della mia stessa vita.
*Don Ettore vi supplico non abbandonatemi mi aiuti a ricongiungermi con mio figlio ***** gliene sarei grato fin che scampo.*
*Un saluto ed un abbraccio dal papà di *****

***** *****

25 Agosto 2013
Carissimo Don Ettore ho ricevuto la sua ultima lettera dove mi sembra di aver capito che, per il momento e non si sà quando, i miei arresti domiciliari in Comunità sono solo un miraggio.

*Per me la vita, soprattutto in questo carcere è stata presa con una grossa fase di adattamento, ma quello che non concepisco è non riuscire a fare il padre quando io e mio figlio ***** lo desideriamo. Non le nascondo che la mia più grande paura è quella di perdere mio figlio e sono molto convinto che se non ci avviciniamo al più presto la probabilità che nasca con dei risentimenti nei miei confronti sia molto alta.*

*Per fortuna subito dopo il mio reato sono riuscito a vedere ***** qui in carcere e ho constatato che tra noi due non era cambiato nulla, giocavamo a rincorrerci e lui mi abbracciava come sempre a fatto; non immagina nemmeno lontanamente la mia gioia immensa nel vedere quella serenità e gioia che aveva mio figlio nel vedermi e nel giocare insieme. Quella gioia è durata solo 2 settimane dopo di che lo sento solo al telefono, ma il sentirlo non mi appaga perché molte volte basta solo uno sguardo per capire molte cose che con fiumi di parole non riescono a decifrare.*

Io ho vissuto in simbiosi con mio figlio dal giorno che è nato e soprattutto l'ultimo anno, dove per motivi di perdita di lavoro, ho fatto;

*Appena si svegliava urlava «Papà» io mi precipitavo nella sua stanza e lo prendevo a cavalluccio e lo portavo nel lettone insieme alla ***** (mamma di *****), lui si riappisolava oppure mi costringeva ad accendere la TV per quei 10 minuti prima di andare in bagno. Poi andavamo in bagno e li cerano i primi capricetti, perché voleva scegliere i vestiti lui e poi perché non amava pulirsi nelle parti intime. Cera poi la fase della colazione dove, rigorosamente davanti alla sua trasmissione televisiva favorita, faceva colazione molto lentamente e doveva essere uguale alla mia con cereali, latte e fette biscottate con marmellata.*

Poi andavamo al campo di Marte, un parco giochi dove incontrava i suoi amichetti, non troppo lontano da casa.

Era necessario prendere l'automobile perché distava da casa quei 10 minuti di viaggio dove mi costringeva a cantare una canzoncina,

*di solito la inventavo di sana pianta con pezzi di strofa presi qua e la. Una volta approdati al Campo di Marte faceva un po' di fatica ad inserirsi nel gruppetto di amici, ma io capivo al volo e mi buttavo insieme a lui per rendergli l'impatto meno brusco; pure io da piccolo ero un po timido e ho sofferto parecchio per tale motivo e non voglio che ***** si isolasse per colpa della sua timidezza.*
*Dopo 2 o 3 ore andavamo a mangiare a casa della nonna ***** (mia madre) dove li giocava con mia madre e mia sorella; pisolino pomeridiano gelatino prima di passare da casa e poi andavamo a prendere la mamma.*
*Non so quanto darei per tornare indietro e rimediare a tutto in un altro modo, mi manca ogni singolo gesto, sorriso di ***** e pagherei peso d'oro per farli ritornare al più presto.*
L'unica cange che ho è quella venire lì da lei in Comunità perché un ambiente sano per proseguire il mio lavoro di padre.
*Per me il sole sorge e tramonta insieme a ***** non so se mi spiego.*
Sto cercando di fare l'impossibile per riuscire a trasferirmi in un altro carcere, sto puntando su ISILI colonia penale di Cagliari o Is Arenas un altro carcere li da lei con la speranza che cambi qualcosa.
Aspetto sue notizie, possibilmente più rinquoranti in merito alla sua Comunità.
La saluto e la ringrazio per tutto ciò che ha fatto per noi
*Il papà di *****

21 Ottobre 2013
*Carissimo Don Ettore, ho aspettato un po prima di rispondergli perché il ** ***** c'è stato il processo per quanto riguarda l'affidamento di mio figlio *****.*
*Come sa bene è la cosa cui tengo più di tutto e sentirmi dire che c'è una possibilità che facciano del male a ***** mi fà rabbrividire.*
*L'intenzione del P.M., sotto pressione di una perizia di una persona del C.T.U., è quella di allontanare ***** dai miei genitori,*

nonni che lo hanno cresciuto e voluto bene senza fargli mancare la serenità e l'amore dal primo giorno che è nato.
Sono molto teso e preoccupato perché se ciò dovesse avvenire per mé sarebbe la fine del mondo.
*Devo ammettere che questa attesa è stata meno pesante perché qui mi hanno stilato un contratto di lavoro di muratore-imbianchino della durata di 15 giorni, dove dal giorno 7 ottobre per 6 ore al giorno, 6 giorni su 7 stucco e imbianco i muri del carcere di *****. Arrivo in cella piuttosto provato e ho poco tempo per «arrovellarmi» con i soliti pensieri nocivi e pessimistici riguardo al futuro di mio figlio *****.*
Cambiando argomento la devo informare che i miei genitori stanno provando a farmi uscire da qui con un'altra Comunità denominato Papa Giovanni XXIIII, quindi per fine mese rimanderanno una nuova istanza agli gli arresti domiciliari al Giudice.
*Io comunque vorrei farle sapere che se c'è il modo e il suo interesse un giorno poter avvicinarmi a lei nella sua Comunità la Collina. Mi immagino il mio futuro lì da lei con mio figlio *****; Può essere un sogno ma io sono convinto che solo li da lei io e ***** possiamo riprendere una nuova vita. Ho molta fiducia in lei e sono speranzoso che presto riusciremo a raggiungerla, questi sono i miei sogni per farmi stare meglio e proseguire il mio cammino qui.*
*Un saluto grosso dal papà di *****

[sigla]

2 Gennaio 2014
Don Ettore lei mi dice di aver coraggio e fede nella magistratura, ma il punto è che non posseggo questa fede e il coraggio cosa mi serve se mio figlio sta soffrendo lontano dai suoi affetti, sradicato da ogni suo punto di riferimento. Tolto da una scuola dai suoi amici, tolto dal corso di Karate al corso di nuoto per metterlo in un ambiente completamente diverso cercando di renderlo responsabile di una cosa che non ha fatto ma, cercano di farlo

crescere immediatamente bruciando delle tappe fondamentali per la crescita di un bambino della sua età.
*Carissimo Don Ettore, sto masticando molto odio verso tutto il sistema perché stanno penalizzando mio figlio incattivendomi. Se lei ha la facoltà di aiutare mio figlio ***** a ritornare alla sua famiglia, la scongiuro di fare tutto ciò che è in suo potere, glielo chiedo come padre e come uomo.*
Oltretutto non posso più sentirlo tramite telefono e questo è un altro tassello per farmelo allontanare, ma non sanno che se si toglie ad una persona ogni cosa, soprattutto a quella più importante, la persona quando non ha più nulla da perdere diventa pericolosa per se stesso e per gli altri.
*Confido in lei nella buona riuscita di far ritornare ***** dai suoi nonni.*

*Il padre di ******

5 Agosto 2014
*Carissimo Don Ettore, le devo comunicare che la decisione presa dal tribunale dei minori per mio figlio ***** è stata quella di affidarlo alla mamma della vittima, come risarcimento morale. Si perché di questo si tratta, non le nascondo il mio disappunto e le mie perplessità riguardante il bene di *****. Per quanto riguarda mia suocera non gli è mai importato nulla del nipotino fino al delitto verso sua figlia;*
Scusi ma io la vedo come una vendetta da parte sua per gettare il più possibile «odio» verso di me.
*Mia madre è distrutta si sente umiliata come nonna e preoccupata di perdere il suo amato nipotino che ha cresciuto con tanto amore fino a quel maledetto giorno ** ***** ****.*
Tale data mi ha segnato per tutta la mia vita peggiorandomi come essere umano e come padre, mi sto allontanando da Dio sempre di più interrogandomi più spesso se veramente esiste questa «entità superiore» che ci ha creati e ci protegge come figli; Poi rileggendo

la sua ultima lettera le dico in tutta franchezza che mai e poi mai farò rientrare nella mia vita un'altra donna.
Le devo comunicare che sono stato trasferito di carcere sono stato mandato a ***** [indirizzo] *qui cercherò il modo di poter vedere in qualche modo mio figlio ***** perché io non voglio vivere senza di lui e solo il pensiero che un domani lui mi ripudiasse (dovuto all'afidamento con la nonna materna) mi fa perdere la voglia di continuare una esistenza insulsa e vuota.*
Don Ettore, le faccio una domanda molto schietta e vorrei una risposta altrettanto schietta e veritiera: Quando sarà possibile far parte della sua Comunità, quanti anni ancora dovrò fare prima di ripresentare l'istanza con la quasi certezza di un accoglimento da parte del Giudice visto la mia condanna di 15 anni?
*Vorrei tanto ma tanto riuscire a lenire in parte il dolore la rabbia che mi sovrasta il cervello per ciò che sta accadendo a *****. Sono molto preoccupato ed ho bisogno di un aiuto sia «spirituale» che psicologico per riuscire a sorpassare questo periodo NERO*

*Con affetto e stima il papà di ******

20 Febbraio 2015
Caro Don Ettore ho ricevuto i giornali della vostra Comunità la Collina, sono molto belli, ma devo rettificare su di un articolo all'interno di uno di questi, sulla descrizione del carcere dove mi trovo.
Devo premettere che sicuramente ed indubbiamente è nettamente superiore la qualità della vita carceraria da quella di provenienza, ma non tutto è oro ciò che luccica. Punto primo, il lavoro è solo per pochi eletti e guarda caso solo amici di amici. Punto secondo, qualsiasi richiesta è sempre avvolta da una nebbia fitta con poi delle risposte altrettanto dubbiose. La cosa bella è che puoi avere a tua disposizione una serie di attrezzi tecnologici che in altri carceri non hai (frigorifero, televisione al led, computer ecc.)

*Caro Don Ettore come tu sai io sto lottando, con l'aiuto dei miei genitori, per rivedere mio figlio ***** e proseguire così il cammino di padre.*
Ho parlato con psicologa, con educatrice, con volontari di enti per bambini lontani da padre o madre, sono iscritto e sto frequentando un corso dei papà tenuto da «bambini senza sbarre» ma tutti, o non vogliono, o non possono aiutarti a risolvermi questo enorme problema.
Mi sto avviando verso il mio terzo anno di vita carceraria [data] *ed ancora non ho risolto l'unico problema che in realtà tengo più di qualsiasi altro; Ero sicuro che avrei risolto questo problema quando sarei venuto li da te in Comunità con il tuo aiuto Don Ettore, quel giorno che ci siamo incontrati nel carcere di ***** mi hai trasmesso grande sicurezza e conforto perché dentro di me sentivo che sei la persona giusta che cerca di vedere il vero bene di mio figlio *****.*
Io ancora oggi non so con esattezza se dopo 1/3 di pena ho questa benedetta possibilità di venire in Comunità oppure no.
*La mia più grande paura è che passa troppo tempo e perdo così, oltre agli anni di crescita di *****, l'affetto e il rispetto di mio figlio. L'ambiente in cui si trova (dai genitori materni) c'è molto «odio» nei miei confronti e vedo, da parte dei magistrati, come un risarcimento danni simbolico questo affidamento alla nonna ***** (mamma di mia moglie).*
Lo si capisce anche dalla situazione famigliare non proprio consona, dove c'è una moglie sud-americana dove parla a stento l'italiano ed un marito italiano di quasi 70 anni dove neppure lui parla un italiano comprensibile dovuto ai troppi anni passati all'estero. La ciliegina sulla torta è che in tale famiglia ci sono state 2 denuncie da parte della moglie nei confronti del marito per maltrattamenti.
Quindi Don Ettore come posso stare sereno sapendo che mio figlio non viene tutelato come dovrebbe dallo stato italiano ma viene visto come merce di scambio per placare il dolore da parte della

parte offesa in questo «dramma famigliare»; Perché quello che mi è successo è un «dramma» una cosa che neppure io riesco a spiegarmi, togliere la vita alla persona che in realtà avrei dovuto amare e proteggere fin che morte non ci separi.
Molte volte stento pure io a credere ciò che ho fatto, ma davanti alla realtà quotidiana non posso fare altro che vergognarmi!
Ero sicuramente in uno fortissimo stress psicologico dove, dopo diversi mesi sono scoppiato commettendo un gesto «inconsapevole».
Qui sono seguito settimanalmente dalla psicologa, a preve dovrò frequentare un corso per chi ha commesso un omicidio con lo scopo di capire il perché e cercare di rieducarti, ma scusi la mia insolenza ma secondo me è da pazzi cercare di dare una spiegazione razionale a ciò che è accaduto per poi cercare di rieducarmi a che cosa. Io ero inserito nella società benissimo prima del fatto, quindi vedo questa mia permanenza in questi posti non fa altro che regredire, questo però è solo il mio pensiero o meglio il pensiero di un omicida e quindi vale meno di zero.

Un saluto dal padre di *****

17 Maggio [2015]
Caro Don Ettore ho ricevuto la sua ultima lettera con la sua molto interessante rivista della Collina. Mi fa molto piacere tenermi in contatto con una persona così splendida come lei, io non so quando e se mi daranno la possibilità di venire a trovarla, è di certo una delle mie priorità costruire qualcosa di buono con una persona buona.
Non le nascondo che più passa il tempo lontano dalla mia famiglia e dalla cosa più importante di tutto, mio figlio ******, mi stanno cambiando in peggio, mi stanno incattivendo e rendendo, piano piano, una persona peggiore, quindi quando mi daranno questa benedetta possibilità di venire da lei vorrei costruire un nuovo* ***** [scrive il proprio nome, *nda*] *migliore come uomo e soprattutto come padre.*

*Finalmente qui a ***** sono riuscito ad inserirmi in un lavoro che mi impegna buona parte delle mie «inutili» giornate da recluso. La mansione è* [descrizione rimossa per motivi di privacy].
Mi tiene attivo mentalmente e soprattutto non mi fa cadere nel baratro dei soliti pensieri negativi. Ormai sono passati 3 anni dal giorno del mio arresto e ancora non sono riuscito a vedere il mio angioletto, non riesco e soprattutto non voglio pensare un futuro senza di lui e spero che se c'è veramente un Dio ascolti questa mia unica richiesta, per mio figlio io sono pronto a fare qualsiasi cosa, tranne quella di abbandonarlo.
Molte volte mi chiedo se tutto questo tempo sprecato serva a qualcosa o a qualcuno per lenire il dolore!?!
Io spero che lei si tenga sempre in contatto con i miei genitori e le dia il supporto necessario per andare avanti, io le prometto non so come e non so quando di ripagarla per tutto ciò che sta facendo per noi.
*Un grosso saluto dal padre di ******

[sigla]

2 Settembre 2015
Caro Don Ettore ho ricevuto la tua ultima lettera dove mi menzioni che avrò la possibilità di entrare nella tua comunità la Collina, a metà pena scontata.
*Io ero convinto ad 1/3 di pena, a tal punto ne ho parlato con la mia psicologa (***** *****), la quale è molto propensa nel farmi intraprendere tale percorso, perché mi vede ancora molto sofferente stare nell'ambiente penitenziario. Ho parlato anche con la mia educatrice, (***** *****) la quale invece è contraria al percorso in comunità e poi sostiene che potrò entrarci solo gli ultimi 4 anni dal mio fine pena. Poi dice che vuole aiutarmi a farmi riavvicinare a mio figlio *****, ma c'è qualcosa che non quadra.*
*Gli porto dei numeri di telefono di assistenti sociali di *****, che hanno dato appositamente ai miei genitori per farli comunicare*

alla mia educatrice, ma ancora oggi lei continua a rimandare, sono già passati 4 mesi da quando io ho trasmesso tali informazioni. Don Ettore sono molto molto sconfortato, mi sento preso da sabbie mobili irremovibili, ho perso entusiasmo in tutto, ho smesso di disegnare per mio figlio, visto che vengono interpretati da persone «superiori» come disegni manipolatori e forvianti. Non trovo niente di manipolazione disegnare personaggi di cartoni animati come topolino, paperino, spongebob ecc.
Qualsiasi cosa io faccia viene trasformata in robaccia, sono stanco sono esausto non ne posso più, mi sento un fallito come uomo e padre la mia vita è pessima non vedi nessun spiraglio di salvezza, penso che sto entrando in depressione anche perché la psicologa vorrebbe imbottirmi di pastiglie i cosidetti stabilizzanti di umore.
Io sono sempre stato contrario ma adesso che tutto è perso non lo so?
Caro Don Ettore se possiede la bacchetta magica è ora di utilizzarla perché penso di essere arrivato alla frutta.
Avrei bisogno di piccole certezze a breve termine da cui ancorarmi per riuscire a scalare queste vette insormontabili.
Ti saluto e ti abbraccio dal padre di *****

6 Dicembre [2015]
Caro Don Ettore oggi che è domenica mi sono quasi costretto a prendere carta e penna per risponderti alla tua ultima lettera.
Non perché non voglia ma sto perdendo la voglia di fare qualsiasi cosa. Sono diventato svogliato in tutto, forse mi sto rendendo conto che questo modo di vivere durerà ancora molto e non sono preparato ne psicologicamente e ne fisicamente. Mi sembra di avere una vita apatica piena di sospetti e complotti verso la mia persona, non riesco e non voglio adattarmi e quindi vivo male questo periodo. Ultimamente sto perdendo le persone che mi hanno voluto molto bene come mia zia ***** *e mia nonna* ******, lei era davvero speciale abbiamo vissuto insieme per molti anni, quando*

*io studiavo a *****. Lei si prendeva cura di me cucinandomi e lavandomi i vestiti, il suo obbiettivo era quello di proteggermi come un bambino indifeso. Io la facevo fare anche perché sembrava che a lei piacesse così, amava ingurgitare quantità di caramelle «industriali», era molto golosa ed ora che sto scrivendo è qui che mi sta osservando con le sue caramelle disposte tutte attorno alla sua ultima foto. Devo ammettere che non è la nonna ***** che conoscevo, molto più magra, scavata in viso e con tutti i capelli bianchi. Amava tingersi i capelli e truccarsi sulle guance con un rossetto spalmato per far apparire le guance rosee, ora sono bianche e gli occhi incavati e spenti; Ciao cara nonna «balenga»: era così che la chiamavo sempre perché lei dava del «balengo» a tutti.*
*Ultimamente veniva a trovarmi mio zio ***** ma da quando mi sono trasferito qui a ***** non è più venuto a trovarmi per via della troppa distanza, dicevano le mie cugine, ma in questi giorni mi hanno informato che sta per spegnersi pure lui. La cosa più brutta che si può fare ad un essere vivente è proprio la «galera», una tortura lenta e continua.*
Mi suona molto male dirlo ed essere convincente, ma le auguro di passare un Buon Natale ed un felice anno nuovo a lei e a tutte le persone che popolano la sua Comunità, continui a vendere la speranza e la libertà a quelle persone che gli è stata tolta.

*Papà di ******

27-4-2016
Carissimo Don Ettore è da molto tempo che non gli scrivo, ma purtroppo non ero molto presente fisicamente e psicologicamente. La notizia della negazione della visita con mio figlio ed un prospetto di rivederlo, sempre se vuole, alla tenera età di 18 mi ha fatto cadere in uno stato di malessere generale, chiudendomi in me stesso dove l'unica soluzione è vegetare in un istituto penitenziario, distante della vita piena di affetti, ma ricco di innumerevoli «cose», come il lavoro, la scuola e i corsi di qualsiasi genere. Purtroppo

sono fatti male al solo scopo di far passare il tempo al detenuto ma lasciati completamente alla mercede di quest'ultimo.
La mia vita è completamente vuota e insulsa, ho puntato tutto sulla famiglia ed ora che per mano mia l'ho distrutta non mi resta niente per cui proseguire. Mio figlio è l'aria che respiro, indispensabile per sopravvivere, ma a quanto pare enti superiori mi bloccano qualsiasi contatto con lui pensando che l'allontananza possa risolvere un problema senza mai affrontarlo.
Mi devo scusare per la poca comprensione di ciò che sto scrivendo ma ho il cervello ovattato dal troppo dolore che sto provando, mi sembra di impazzire e di vivere un incubo ad occhi aperti. Penso proprio che sto percorrendo una strada a senso unico e senza via di uscita.
Penso sempre anche ai miei genitori i quali stanno facendo l'impossibile per aiutarmi e riuscire a vedere il nipotino che hanno allevato da 0-3 anni e di colpo sono ritenuti non idonei a proseguire tale mansione, solo perché sono i genitori dell'omicida. Tutto questo mi fa stare male e più passa il tempo e più stanno peggiorando le cose.
Un saluto ed un abbraccio

***** *****

31-07-2016

Caro Don Ettore Cannavera
*Sono ***** il padre di ***** *****, le scrivo per informarla che la mia situazione nella casa di reclusione di ***** sta prendendo una piega a dir poco allarmante.*
Premetto che ho scontato 4 anni + 1 anno di giorni di liberazione anticipata su una condanna di 15 quindi rientrerei nel famoso 1/3 di pena e quindi accedere al beneficio dell'art. 21.
*La mia educatrice ***** ***** non ritiene che io sono pronto per accedervi chiudendomi una «relazione di sintesi» cosidetta inframuraria; e fin qui niente di allarmante.*

Purtroppo la sintesi è stata fatta per ¾ sul mio reato di sentenza riportando in maniera marcata la sentenza del tribunale dei minori dove dipingono i miei genitori, dove lei ha ben conosciuto, come 2 persone manipolatrici incapaci di accettare il dolore del nipote dalla perdita della propria madre e dipingendo il figlio, cioè io, come un santo.
Morale della favola è che nella relazione di sintesi vengo dipinto come un eterno bambino soggiogato dai miei genitori che iperproteggono il proprio figliolo dall'accaduto.
Io aggiungo che ogni genitore tende a proteggere, per amore, il proprio figlio anche quando ha commesso un reato come l'omicidio.
Poi seconda cosa «grave» che emerge dalla sintesi è che, secondo la mia educatrice io non ho fatto una revisione critica del reato e che non enfatizzo il dolore che prova mio figlio nella perdita della madre ma che penso solo a rivederlo in modo egoistico e narcisista.
Ho bisogno di AIUTO!!! Se queste cose vanno in mano del mio magistrato di sorveglianza io da qui esco solo al mio fine pena.
Cosa posso fare? sono disperato!, aspetto sue notizie positivi in merito. La saluto e ogni volta che mi sta andando male ricordo le sue parole che mi annunciano che un giorno potrò venire nella sua oasi di felicità «La Collina».
P.S. La cosa più grave è che, cito testuali parole della mia educatrice ***** *«Lei deve arginare la sua famiglia» perché, in modo speciale si riferiva a mio padre, sono le persone che le bloccano la possibilità di rivedere* ***** *AIUTOOO*

***** *****

Interrompere con un commento lo snodarsi delle lettere nei quattro anni di reclusione sarebbe stato inutile. Il *padre di* ***** si incarica in prima persona di comunicarci tutto l'orrore della situazione.

Probabilmente, scorrendo il richiamo compulsivo al nome del figlio, alla trasformazione totalizzante in padre, ci si dividerà in due partiti: da una parte, quanti proveranno pietà per una persona che, pur omicida, dimostra un indubbio amore per la propria creatura. Dall'altra, chi non mancherà di notare la rapida scomparsa del senso di colpa per l'omicidio, la difficoltà nel riconoscere il torto subito dalla famiglia della moglie ma soprattutto il distacco dalla realtà nel vagheggiare una vita futura come *papà di* *****, basata sull'illusione che possa essere tutto come prima, che il trauma possa essere ricomposto senza fatica, basta ci si ricongiunga e magicamente tutto andrà a posto. Insomma, ci si dividerà sul parere dell'educatrice esposto nell'ultima lettera, quello che, come in un noir di buona fattura, svela infine il mistero dell'accaduto: anche nella famiglia della porta accanto può accadere che si scateni un meccanismo innescato dai migliori propositi e si finisca sulle pagine dei giornali, nei trafiletti, nelle trasmissioni televisive spazzatura che sezionano omicidi per vendere spazi pubblicitari. Non siamo protetti neppure all'interno delle nostre confortevoli case arredate con gusto, senza un granello di polvere sui pavimenti grazie all'opera della signora rumena incaricata delle pulizie, proprio quella sulla quale, ogni tanto, esprimiamo qualche perplessità, perché si vocifera il marito abbia avuto problemi con la giustizia e sia finito in carcere, anni addietro. Chissà i figli, poveretti, che fine faranno con un padre così.

Già: e il figlio del *papà di* *****? La seconda vittima, il ragazzino che ha perso la madre, uccisa; e anche il padre, recluso, ma soprattutto affetto, forse, da uno scompenso emotivo che spingerà i giudici a tenerglielo lontano, situazione forse peggiore della precedente. Un ragazzino che ha visto la propria vita cambiata traumaticamente in peggio, che non si leverà più di dosso l'impressione di restare tutta la vita il *figlio di* *****, quello che ha fatto fuori la moglie evolvendosi nel *papà di* *****. Che fine farà il disagio di questo ragazzino?

Ci sono molte storie dietro pochi secondi di televisione e tre righe in un giornale.

E se ci fosse il dubbio che il *papà di* ***** sia un poveraccio disoccupato, privo di mezzi, educazione e strumenti critici, osserviamo le lettere, la buona qualità di carta e buste, di sicuro fornite dalla famiglia che lo sostiene, e una scrittura al di sopra della qualità media nazionale, salvo alcuni svarioni forse causati dalla condizione psicologica. Nelle lettere scritte durante i periodi meno stressanti, quando coltiva la speranza di rivedere presto il figlio e vivere con lui in paradiso, gli errori quasi scompaiono. Ma soprattutto osserviamo l'assenza di lamentele per vitto e vestiario, per l'igiene, perché di certo ha i soldi per la spesa e gli arrivano i pacchi con il vestiario e la biancheria; forse genitori e sorella gli portano anche le lenzuola pulite, così non deve adoperare quelle problematiche fornite dal carcere. I suoi problemi paiono essere piuttosto di relazione con i compagni di detenzione, che ritiene in un certo senso inferiori, *cattivi*, tanto da manifestare il timore di esserne influenzato.

Infine, una domanda, tutto sommato scontata: cosa farà il carcere a quest'uomo, al netto della segregazione? Come uscirà dopo aver scontato la pena? Ci sembra di notare, scorrendo le lettere nell'arco di un quadriennio (quasi un terzo degli anni comminati), un miglioramento nelle sue condizioni tale da poter affermare che il ruolo rieducativo della reclusione stia avendo effetti positivi?

La domandina semplice

Cagliari 13/03/02
Ciao carissimo Ettore, rispondo con priorità alla tua che nel riceverla mi ha reso contentissimo (ero oltre 4 anni senza sentirti)! Ettore, ti faccio subito sapere che stò bene fisicamente, moralmente.... conosci Buoncammino poi ultimamente (ultimi 3 anni) è diventato più «afflittivo», siamo in un «campo di concentramento» capeggiato» dallo «Stoico» e «Ansioso» Dott. Pala, e dal numero 2° di questa «rete terroristica» che è il «COMANDANTE», con tutti i suoi luogotenenti e le sue cellule in divisa! Ma non riusciranno mai a intaccare la mia «serenità interna» e i miei sani principi.... La mia dignità, la mia nobiltà d'animo, e la mia profonda «autostima», nonostante ora questa «banda armata» di mastini adesso usi la «PSICOLOGIA TERRORISTICA» e non più le «PUNIZIONI CORPORALI» come prima, quando come direttore c'era Dottor GRANATA! Circa 3 settimane fà, ho fatto pubblicare sull'UNIONE SARDA» il desolante e degradante squallore che c'è dentro questa «struttura Piramidale», non so se hai avuto l'occasione di leggerlo comunque ho fatto sapere all'opinione pubblica cosa è questo carcere!
Non veniamo visitati da nessun medico, il cibo non lo mangerebbe neppure un «maiale affamato», non veniamo chiamati da nessun educatore o assistente sociale (sono 2 anni e mezzo) «sono in malattia» o in «ferie»!

Questo è un carcere per PEDOFILI, TRAFFICANTI E SERIAL KILLER e non per noi «TOSSICODIPENDENTI» definitivi che in virtù dell'art 28 della costituzione, gli istituti di prevenzione e pena devono consistere al reinserimento e alla riabilitazione dei condannati e non devono essere contrari al senso dell'UMANITÀ», io esigo, anzi pretendo di fare parte della società e i tossicodipendenti e in più SIEROPOSITIVI devono essere inseriti in «STRUTTURE ALTERNATIVE» al carcere... tipo comunità, lavori socialmente utili o Servizi per le Tossicodipendenze! Perché questo carcere soprattutto per ragazzi più giovani di me è una scuola di addestramento al crimine.
*A proposito ho «sotto le mie ali» il tuo «ASSISTITO» ***** ***** è con me in cella, è in uno stato di profonda depressione e in un confusionale stato di identità, Buoncammino è troppo punitivo per questo ragazzo, ingenuo, spontaneamente infantile anzi «adolescenziale», molto emotivo, ieri anzi lunedi mi sembra aveva un'udienza al tribunale dei minori è tornato si è chiuso in bagno ed è «scoppiato» in una crisi isterica di pianto e di autolesionismo (dando pugni al muro). Comunque stai tranquillo, fino a quando ci sarò io e gli altri compagni sarà aiutato moralmente economicamente e spronato a «non lasciarsi andare», te lo prometto Ettore O.K? Ettore farò come mi hai suggerito tu, accetterò la Comunità Terapeutica del CEIS, speriamo che il TRIBUNALE DI SORVEGLIANZA domani prenda in seria considerazione la mia «richiesta».*
Ho capito benissimo che tipo di Comunità è la tua e non mi manderebbero «neppure se fossi un libero cittadino»!
Comunque «domani» ci sarà anche la resa dei conti «della mia vita» speriamo bene, ti farò sapere.... Stai tranquillo Ettore ora con profonda stima e affetto ti mando i miei più cari e sentiti saluti. Ciao Ettore stammi bene.... fatti sentire!

***** [firma]

«Tuo figlioccio»

P.S: SONO STATO «ASSOLTO» PER QUELL'«ACCUSA INFAMANTE» DEL '94 RICORDI? (violenza carnale» ORA CHI MI PAGA (6 MESI DI CARCERE INNOCENTE) i DANNI MATERIALI.... MA SOPRATUTTO MORALI.... !? MI HANNO FATTO CONVIVERE CON QUELL'ACCUSA PER 7 ANNI E MEZZO! PAZZESCO!

(Carcere di Cagliari – Buoncammino)

La decisione di pubblicare a questo punto una lettera del lontano 2002 non è casuale. Se ne ha necessità per mostrare che nei successivi diciassette anni, nonostante la realizzazione di una nuova struttura che si vorrebbe moderna e funzionale (la casa circondariale di Cagliari – Uta), la percezione della disumanità del carcere non è cambiata, sebbene le condizioni di sovraffollamento del vetusto complesso di Cagliari siano state (parzialmente) rimosse. Del resto, la lamentela riguarda l'assistenza medica carente, il cibo pessimo, gli educatori fantasma, l'atteggiamento degli agenti di polizia penitenziaria: avrebbe potuto essere datata 2019. E riferirsi a qualunque casa circondariale italiana, anche la più recente (pur nello spettro di variabilità dei consessi umani, naturalmente). Nonostante decenni di campagne di stampa e prese di posizione di (pochi, ahimè) politici e intellettuali, a dispetto dei frequenti richiami della massima autorità religiosa italiana (il papa), la sistematica violazione dei diritti umani in carcere resta un nodo irrisolto del sistema penitenziario, che continua a essere oggetto di attenzione anche a livello europeo guadagnandosi, fin troppo spesso, la condanna della Corte europea dei diritti dell'uomo (Cedu).

Tale è l'importanza del tema dei diritti umani da provocare almeno due effetti collaterali particolarmente rilevanti per la mancata comprensione dei motivi per cui la detenzione è una risposta disfunzionale: il primo, una certa confusione tra i diritti umani e l'indirizzo rieducativo della pena (articolo 27 della Costituzione e non articolo 28 come indicato nella lettera); il secondo, l'offuscamento, se non la rimozione, della causa (forse) principale alla radice del clamoroso fallimento rieducativo del sistema carcerario italiano: l'atmosfera di sostanziale illegalità quotidiana nel quale il detenuto si trova a scontare la pena.

Che il problema dei diritti umani in carcere sia di particolare importanza lo rimarcano le notizie quotidiane, ben occultate nei recessi della gran massa del vociare giornaliero ammannito dai media, che parlano delle condizioni di vita nelle case circondariali: igiene, salute, cibo, incolumità personale, suicidi. In proposito i dati parlano da soli, senza necessità di commento. E parlano da sole anche le continue lamentele del corpo di polizia penitenziaria, di cui forse si dice ancor meno: si ammazzano con preoccupante frequenza anche loro, spesso si tirano un colpo alla testa con la pistola di ordinanza, o si buttano da un balcone, o muoiono in incidenti sospetti per la strada. Sovente le condizioni precarie in cui vivono sono il riflesso della mancanza di umanità nel trattamento di coloro che sorvegliano. Il problema c'è, al di là di ogni dubbio, e bisogna porre ogni sforzo per risolverlo, incluso il parlarne e scriverne in ogni sede e occasione. Ad esempio, sottolineando la palese inconcludenza, talvolta al limite del surreale, del Dipartimento dell'amministrazione penitenziaria (Dap) quando si occupa del tema.

È del marzo 2017 la circolare Dap 0112426. Ha per oggetto: «Ridenominazioni corrette di talune figure professionali ed altro in ambito penitenziario». Leggiamo:

> I termini attualmente utilizzati nelle carceri riferiti ai detenuti sono spesso avulsi da quelli comunemente adottati dalla collettività ed è causa [...] di un isolamento del detenuto dal mondo esterno che crea ulteriori difficoltà per il possibile reinserimento [...]. [...] terminologie persistenti per alcune locuzioni [...] (come «cella» [...]) sono state evidenziate in occasione di alcune visite presso gli istituti penitenziari, svolte dal Comitato europeo per la prevenzione della tortura e delle pene o trattamenti inumani o degradanti.

Per farla breve, chiamare «cella» la cella (e che diamine sarebbe allora?) è sbagliato, perché offende la dignità di chi ci sta chiuso dentro: chiamiamola da ora in poi «camera di pernottamento» e il problema dei diritti umani in carcere sarà quasi risolto. Certo, non c'entra il cesso aperto – una turca oscena spesso otturata – a un metro e mezzo dalla mensola sulla quale si è autorizzati a cuocere un piatto di pasta per ovviare al vitto schifoso passato dalla direzione. Non c'entra che nella «camera di pernottamento» prevista per uno ci si debba adattare in tre, in due quando va bene. Non c'entra l'impossibilità di accedere a una visita medica, di colloquiare con un educatore, di essere trattati da tossicodipendenti quando purtroppo lo si è; di essere trattati da psicolabili se la sorte ha riservato questa croce.

No, niente di tutto ciò: l'importante è che il buco fetido in cui si è rinchiusi sia correttamente appellato – nei documenti, perché nel gergo comune si continuerà a chiamarla ciò che è: cella – con l'appropriata locuzione. Immaginiamo la felicità del «casario» che guadagnerà in dignità avviandosi con maggiore efficacia nel proprio percorso di riabilitazione perché si occuperà della produzione di formaggio chiamandosi – finalmente! – «casaro» (ah, cosa può una vocale in Italia...). E che dire dello «scopino» finalmente assurto all'empireo di «addetto alle pulizie»?

L'enormità del dramma dei diritti umani in carcere lo si apprezza prima di tutto da questo: dall'abissale scollamento tra la realtà dei reparti di detenzione e i burocrati che se ne occupano. Non è impossibile che l'estensore della circolare, un onesto funzionario ministeriale, probabilmente capace e produttivo, si sia sentito orgoglioso del proprio contributo per l'indubbio miglioramento delle condizioni di detenzione grazie alla nuova nomenclatura. Chissà se avrà mai varcato, come visitatore, la soglia di un carcere; se avrà mai parlato con un ex detenuto. O anche solo con un addetto ai lavori, un agente di polizia penitenziaria, un educatore o un volontario. Si direbbe di no, se scrive che chiamare «scopino» lo scopino possa creare difficoltà per il suo reinserimento nella società.

Oppure c'è un'altra lettura.

La carcerazione, di per sé, è un trattamento inumano. Non a caso la Costituente dedicò un articolo specifico alla privazione della libertà (articolo 13) delimitandone con cura l'ambito.

Si pone quindi il tema della «quantità di disumanità ammissibile» nella pena, e con ciò si entra nel campo dell'opinabile.

L'autore della lettera riportata all'inizio del capitolo si dichiara fiero di aver pubblicato un articolo, apparso su un quotidiano locale, in cui denuncia *il desolante e degradante squallore* del carcere in cui è rinchiuso; non cogliendo, probabilmente, che la gran parte dei lettori avrà approvato desolazione, degradazione e squallore, perché è sentire comune che la punizione, per essere efficace, debba essere particolarmente dura.

Per citare un esempio, il regime del 41-bis* viene percepito dai cittadini in modo completamente diverso dalla sua reale valenza giuridica. Non si tratta, infatti, di una pena particolarmente afflittiva come reazione a reati di rara efferatezza o pericolosità sociale, quanto di una necessità imposta dalla probabilità che il condannato possa delinquere anche in carcere, veicolando ordini impartiti a complici all'esterno dell'istituto di pena tramite altri carcerati o persone ammesse ai colloqui. La stessa Cedu, infatti, ha più volte sottolineato che il peso del pericolo sociale eventuale sovrasta l'evidente carenza del provvedimento in termini di diritti umani e non ha mai sanzionato il 41-bis in questo senso (lo ha fatto per un'applicazione errata: inumano sì, ma legale, per favore).

Esiste, insomma, un sentire comune assai diffuso secondo il quale una detenzione troppo morbida sarebbe inefficace: perché un ladro dovrebbe smettere di rubare se lo condannassero a qualche anno di vacanza in un hotel a cinque stelle?

Tentare una mediazione tra chi vorrebbe un carcere umano e chi lo pretende tanto disumano da lasciare un segno indelebile, così che il delinquente ci pensi due volte prima di riprovarci, è vano. E in questo senso si potrebbe interpretare la circolare Dap citata sopra: forse l'estensore non era un funzionario in buona fede, convinto di diminuire il tasso di inumanità del carcere, ma uno scafato navigatore del sistema carcerario animato dalla precisa intenzione di lasciare tutto com'è, per quanto possibile, perché quei disgraziati là dentro se lo meritano e sarebbe ora

* L'articolo 41-bis della Legge 354/1975, sull'ordinamento penitenziario, è comunemente chiamato «del carcere duro».

di finirla con il buonismo. Anzi, prendiamoli anche un poco per i fondelli: male non farà. Entrambe le letture sono plausibili perché entrambe coesistono nel sistema. C'è la possibilità di un accordo?

Sì, se si riconosce l'onestà intellettuale dell'interlocutore e si riflette su un aspetto poco considerato: che i diritti umani (lesi) in carcere non sono gli stessi per tutti. Pur dando per pacifico che senza dignità e diritti un percorso di recupero sarebbe inconcepibile, nello stato attuale del sistema la disparità di trattamento tra carcerati impartisce una lezione opposta a quella di una possibile riabilitazione, perché mostra al detenuto il valore della forza, dell'astuzia e del compromesso, a detrimento della legalità. Saranno stati anche pochi (ma non pochissimi), però anche in quel 2002 ci saranno stati di certo, come ci sono oggi, detenuti che hanno goduto di un trattamento né degradante né squallido. E allora come adesso c'era una sfumatura nello squallore e nella degradazione, dipendente dalle condizioni di forza del recluso.

In questo senso, la mancanza di umanità e dignità non solo è ingiusta, nonché illegale, secondo la Costituzione, ma sortisce l'ulteriore terribile effetto di colpire maggiormente i più deboli. Se proprio la galera dev'essere disumana, lo sia equamente, tanto gli ultimi non vedranno differenze (loro la prigione la vivono già così, come un inferno); ma quanti si ritengono forti e al riparo drizzeranno le orecchie. La verità è che in carcere, potendoselo permettere, esce ed entra di tutto, dalla droga in poi; così come avere i quattrini per un buon collegio di difesa e dei buoni periti di parte è straordinariamente efficace nella determinazione della pena e nella sua esecuzione.

In definitiva, il clamoroso problema della carenza dei diritti umani in carcere copre un aspetto che gli stessi carcerati percepiscono ma faticano a metabolizzare: la disparità di trattamento, che impartisce una lezione di illegalità in senso contrario a un percorso di recupero. Che ci siano disparità è noto. Che esse impartiscano un insegnamento di illegalità palese e quotidiana molto meno, se non per niente. E se poco se ne accorgono i carcerati, non lo notano per niente gli addetti ai lavori, all'esterno.

La lettera trascritta all'inizio è illuminante in questo senso: il recluso reclama – giustamente, non guasta ripeterlo – quanto prescritto dalla nostra Costituzione, ma senza giungere ad alcuna conclusione. Cade tra l'altro in un antipatico, quanto comprensibile, equivoco in merito all'attribuzione dei diritti: come se serial killer, pedofili e trafficanti ne avessero meno di lui! Questo la dice lunga sulla percezione del recluso in merito a diritti e doveri: la pretesa di graduare i diritti, soprattutto quelli umani, in base al presunto peso della colpa è un errore clamoroso che un carcerato non dovrebbe potersi permettere, perché ne deriva una visione della pena non solo improponibile dal punto di vista giuridico, ma anche pericolosamente vicina a quella di quanti vorrebbero un carcere particolarmente duro, in cui, ad esempio, i tossici sieropositivi spacciatori fossero trattati da spacciatori e non da tossici sieropositivi. A dimostrazione del fatto che a inoltrarsi sulla strada della valutazione delle pagliuzze negli occhi altrui si finisce per rimetterci, e non solo per il male della trave piantata nel proprio bulbo oculare.

Senza dubbio, l'estensore della lettera avrebbe diritto a un percorso che tenesse conto del suo stato di dipendenza e della sua malattia, ma queste non giustificano la commissione di reati. Invece nello scomposto, e anche questo comprensibile, attacco alla direzione (intesa come insieme dell'organizzazione penitenziaria) non si nota alcuna presa in carico dei reati commessi. Sarà tossico, sarà sieropositivo, ma ha anche violato la legge: ne vogliamo parlare, individuando le modalità di reinserimento e riabilitazione? O lasciamo tutto nel vago del *ricorso alla Comunità*? Cosa deve fare, la Comunità, di diverso dal carcere, per essere efficace nel percorso riabilitativo? Cosa deve inculcare, suggerire, richiedere?

Il nemico, se anche c'è, non è il direttore; e neppure i luogotenenti e le cellule in divisa. Soprattutto questi ultimi sono spesso poveri cristi come i detenuti, capitati per caso dalla parte opposta delle sbarre. Proprio nei piccoli centri delle aree depresse ad alta incidenza delinquenziale accade che intere famiglie finiscano in galera mentre altre, vicini di casa, conoscenti, vadano a lavorare dentro le caserme dei carabinieri. È solo il caso: da una parte, una mamma o un papà che prende i figli per la collottola e li manda a sostenere un concorso per entrare nell'Arma prima che la combinino davvero grossa o che cerca un appoggio promettendo un pacchetto di voti; dall'altra un papà alcolista che non ci pensa, troppo impegnato a verificare il livello nella bottiglia, maledetta lei che si vuota da sé. Un litro di vino può stabilire da quale parte delle sbarre ci si ritroverà.

E l'arbitrarietà evidenziata nella disuniformità nei diritti umani e del trattamento dignitoso ci fa approdare a un secondo punto: l'illegalità diffusa nel quotidiano di un carcerato, anch'essa nascosta dal polverone – sacrosanto! – dei diritti umani. Di questo, all'esterno del carcere, non si parla mai.

Se proseguiamo la lettura della lettera, si nota con quale premura si informi il destinatario sulle condizioni di un giovane detenuto, da lui ben conosciuto, che è stato preso «sotto le ali» dello scrivente. Un fatto simile non è infrequente, spesso è addirittura pilotato dalla direzione: si prende un novellino e lo si mette in cella – pardon, camera di pernottamento – assieme a un detenuto esperto che possa istruirlo sulla vita carceraria. Caso o volontà, non c'è grande differenza nel risultato.

Poniamo anche che questi se ne interessi per bontà d'animo, spronato dal desiderio di fare del bene; che nulla pretenda in cambio se non il riconoscimento di una gerarchia (c'è chi insegna e chi apprende). Ci domandiamo: quali lezioni potrà mai impartire un detenuto di lungo corso, tossicodipendente, sieropositivo, in tutta evidenza anch'egli bisognoso di supporto? Cosa imparerà il pivello, avvolto dall'ala accogliente del più anziano, in senso carcerario, recluso? Siamo sicuri che saranno lezioni in linea con la necessità di impostare un percorso di recupero, riabilitazione, reinserimento nella società?

Sempre meglio che lasciargli prendere a pugni il muro o spingerlo a impiccarsi alle sbarre del cesso con un asciugamano, si dirà. Ma non è questo il punto: il fatto è che il giovanotto imparerà che in galera si deve fidare dei colleghi delinquenti, che gli trasmetteranno le regole di comportamento elaborate da loro (ad esempio, nel caso in questione, il conflitto privo di senso con gli assistenti penitenziari, le cellule in divisa) con il risultato di instradarlo in tutt'altra direzione che non un recupero di sé e una riabilitazione. La lezione è che quando si ha bisogno ci si rivolge ai carcerati, non al sistema penitenziario. E che a spingerti in questa direzione è proprio quello stesso sistema carcerario che pretende la presenza di un codice sottostante quello penitenziario, elaborato e governato dai detenuti, ovvero quanto di peggio si possa immaginare dal punto di vista di un percorso di legalità. Senza far mancare il tocco finale, questo sì, davvero surreale, dell'affermazione epocale: *questo carcere soprattutto per ragazzi più giovani di me è una scuola di adattamento al crimine.* Incontrovertibile, proprio il suo comportamento, un delinquente che ne istruisce un altro, ne è prova provata.

La *scuola del crimine*, citata troppo spesso e a sproposito in tema di carceri, viene frequentemente equivocata. Si pensa a delinquenti abituali che organizzano il colpo del secolo, coinvolgendo poveracci di mezza tacca, facendoli così salire nella scala gerarchica del crimine; oppure a mafiosi che attraggono nuovi adepti per la cosca. C'è anche questo, naturalmente, ma sono casi limite, eccezioni: la massa dei detenuti assorbe illegalità a ogni secondo di detenzione semplicemente vivendo un'esistenza regolata da un codice di comportamento che è criminale perché messo a punto da criminali. Lo fa per mera necessità di sopravvivenza. Nel disinteresse (ma a volte si sarebbe portati a pensare si tratti di connivenza) del sistema penitenziario.

Poniamo il caso, frequentissimo, del tossico che ruba una macchina su ordinazione. La prima volta viene graziato con la condizionale. La seconda sconta anche la prima e finisce dentro. Senza soldi, altrimenti non avrebbe avuto bisogno di rubare la macchina, si trova in galera e deve sopravvivere. Naturalmente si arrangia, studia l'ambiente, si ingegna per trovare il modo di procurarsi le risorse necessarie a spese dei compagni. Se ci riesce. Ma ciò che importa non è il risultato, quanto il suo atteggiamento: in galera, esattamente come gli accadeva fuori, deve arrangiarsi per sopravvivere. Fuori rubava le macchine, dentro ruberà un pezzo di sapone, il turno per una visita all'infermeria, due litri di latte dal carrello della colazione quando è di turno, un paio di mutande, un francobollo e una busta per scrivere un cumulo di falsità a un parente prete, nella speranza che si impietosisca e gli invii 50 euro. Cioè si comporterà in gattabuia esattamente nello stesso identico modo di quando era in libertà. Il carcere, da parte sua, non solo non lo impedisce o lo ignora, ma talvolta lo pretende. Come nel caso citato in precedenza del novizio a lezione di galera dall'anziano.

Purtroppo, i carcerati conoscono poco i propri diritti, ma ancora meno i propri doveri (intesi come quanto ci si aspetterebbe da loro per un percorso riabilitativo), mentre sono obbligati a conoscere a menadito, aggiornandosi di continuo, i dettami del codice criminale che regola le giornate. Del resto, il processo di valutazione del percorso riabilitativo in carcere si basa su risultati che prescindono largamente dal percorso seguito per ottenerli. Al valutatore poco interessa che durante un permesso premio il detenuto eviti l'evasione per un calcolo cinico sulla convenienza del fingere buoni propositi o perché davvero convinto della necessità di reintegrarsi nella società, evitando di delinquere nuovamente. Gli basta che al momento stabilito il recluso si ripresenti al portone della prigione e torni in cella. Che non scateni risse in carcere, che segua qualcuna delle attività proposte.

Nessuno, però, pretende da lui comportamenti quotidiani improntati alla legalità. Se ruba il latte ai compagni quando è incaricato di spingere il carrello sferragliante lungo il corridoio, la mattina, nessuno può impedirlo, perché nessuno lo controlla e tutti lo sanno, gli assistenti penitenziari in testa. Perché non è considerato rilevante e si bada al sodo: che non ammazzino i sorveglianti, non si ammazzino tra di loro e non si ammazzino. Il resto conta poco: che importano due litri di latte, rubati oggi dall'uno e domani dall'altro? Chi è più furbo campa meglio, anche fuori: vogliamo negarlo?

Buon giorno Ettore:

come stai?

Io come ti ho accennato nell'altra lettera sto male non vedo l'ora di andarmene il 24 ero in Istituto a Quartucciu perché dovevo andare a Sassari x un processo e grazie a Dio mi hanno assegnato Ettore a Quartucciu in quei 2 giorni che sono rimasto mi sono trovato benissimo ho parlato con l'ispettore [redacted] e gli assistenti dicendo che mi sono scusato x tutti i casini che ho fatto e poi le ho detto che ho imparato la lezione loro mi hanno detto che si sarebbero informati x farmi tornare lì.

Ettore il mio avvocato vuole chiedere l'affidamento x andare a Parma da mamma a lavorare e io sono daccordo e so che il Magistrato di qua è severissimo e l'educatrice di qua e tutti quelli che ci sono qua compresi i direttori mi hanno detto che da qua non ne danno misure alternative infatti tutti i ragazzi che ci sono qua si comportano bene e pure non gli danno ne permessi, ne liberazioni anticipate, e ne misure alternative Ettore ti ho chiesto con tutto il cuore dammi una mano a tornare a Quartucciu così l'affidamento lo chiedo a Cagliari x andarmene a Parma e almeno sono sicuro che si Magistrati non ci vado Ettore dammi una mano qua è bruttissimo sono lontano da tutto e da tutti non posso sentire a nessuno non so + come fare a tirare avanti.

Ettore aiutami dammi una mano a tornare a Quartucciu la lezione ormai la imparata ti prometto che se mi aiuti a tornare a Quartucciu darò a tutti l'esempio di cosa vuol dire stare lontani dal luogo di nascita e dalle propie ragazze senza poter

Buon giorno Ettore:

come stai?

Io come ti ho accennato nell'altra lettera sto male non vedo l'ora di andarmene il 24 ero in istituto a Quartucciu perché dovevo andare a Sassari x un processo e grazie a Dio mi hanno assolto Ettore a Quartucciu in quei due giorni che sono rimasto mi sono trovato benissimo ho parlato con l'ispettore ***** ***** *e gli assistenti diciamo che mi sono scusato x tutti i casini che ho fatto e poi le ho detto che ho imparato la lezione loro mi hanno detto che si sarebbero informati x farmi tornare li.*

Ettore il mio avvocato vuole chiedere l'affidamento x andare a Parma da Mamma a lavorare e io sono daccordo e solo che il Magistrato di qua e severissimo e l'educatrice di qua e tutti quelli che ci sono qua compresi i detenuti mi hanno detto che qua non ne danno misure alternative infatti tutti i ragazzi che ci sono qua si comportano bene e pure non gli danno ne permessi, ne liberazioni anticipate, e ne misure alternative Ettore telo chiedo con tutto il cuore dammi una mano a tornare a Quartucciu cosi l'affidamento lo chiedo a Cagliari x andarmene a Parma almeno sono sicuro che ai Maggiorenni non ci vado Ettore dammi una mano qua e bruttissimo sono lontano da tutto e da tutti non posso sentire a nessuno non so + come fare a tirare avanti.

Ettore aiutami dammi una mano a tornare a Quartucciu la lezione ormai lo imparata ti prometto che se mi aiuti a tornare a Quartucciu darò a tutti l'esempio di cosa vuol dire stare lontano dal luogo di nascita e dalla propria ragazza senza poter servire a nessuno lontano da tutto e da tutti

Ettore

Dammi una mano a
tornare in Sardegna a Quartucciu prima
di andare ai Maggiorenni

Prometto che non ti
deludero e mi comportero

bene
Ciao
*****

Salutami tutti i volontari e le volontarie
Con affetto

*****

Dai tanti saluti a Nicola e Aziz

(Istituto penale minorile di Lecce)

Allora il carcere funziona! Visto che spavento ha fatto prendere a questo giovane delinquente? Un altro po' di galera dura e pura e si affrancherà completamente dal crimine, tornando una persona onesta e rispettosa delle leggi.

Siamo sicuri?

L'autore della lettera ha commesso un delitto da minorenne (non è dato sapere quale) e per questo è stato associato al carcere minorile di Quartucciu (Cagliari). Probabilmente problematico, non si finisce in un minorile se non lo si è, ha pensato bene di combinarne una delle sue anche dentro. Forse una rissa, forse ha reagito malamente nei confronti degli agenti di polizia penitenziaria, chissà. In ogni caso, prassi comune, è stato trasferito in un carcere distante, particolarmente afflittivo. Quindi sperimenta la differenza tra le due opzioni e ne è spaventato. Inoltre, poiché si avvicina l'età in cui verrà trasferito in un carcere per adulti, ha timore del momento in cui dovrà abbandonare le protezioni accordate ai minori per entrare in una sezione in cui troverà le condizioni riservate ai «grandi», che comincia a intuire da ciò che ha trovato in un Ipm ben più duro di quello al quale si era abituato. Come reagisce, a parte lo sconforto? Si comporta come immagina che ci si attenda da lui: si dichiara pentito, afferma di aver capito la lezione e di essere cambiato, ipotizza di poter accedere a una pena alternativa al carcere. Quale sarebbe la lezione?

Che se non ci si comporta bene si viene presi e sbattuti lontano dal proprio luogo di nascita e dalla propria ragazza.

Nel frattempo, cerca una scappatoia – chiamiamola ciò che è: una furbata – per evitare il carcere dei maggiorenni. Poiché ha capito che si tratta di una realtà che probabilmente non gli concederà sconti, chiede a una persona ritenuta in grado di aiutarlo di farsi trasferire nel carcere da cui è stato sbattuto via per cattivo comportamento e nel quale, sperimentato un istituto per minori in cui è stato preso per il bavero, scopre di essersi *trovato benissimo*. Forse – anzi di sicuro: le illusioni in carcere diventano certezze, se non si ha altro cui aggrapparsi – il magistrato competente, meno rigido dell'attuale, gli concederà l'agognata *libertà*.

Cosa sta facendo la galera a questo ragazzo, lo sta davvero rieducando? Gli sta proponendo un percorso di consapevolezza degli errori commessi, lo sta convincendo della necessità di condurre un'esistenza di regole diverse da quelle che l'hanno condotto in una cella? O non sarà che il poverino poco ha capito di quanto gli capita perché, in tutta evidenza, non possiede gli strumenti per un'analisi dignitosa della propria realtà e il carcere tutto fa fuorché cercare di fornirglieli?

L'azione della detenzione è consistita nel rispondere alle sue intemperanze con un atto di forza: il ragazzo ha dato uno schiaffo, la galera ha reagito con uno sganassone. E gli ha fatto male. Poiché al momento il giovane capisce di essere in una posizione di debolezza, abbozza e china il capo. Lo farebbe ciascuno di noi. Cosa può garantire, nel limite dell'umano, naturalmente, che cambierà comportamento?

Proprio nulla, tanto è vero che, mentre si dichiara pentito, si comporta come ha sempre fatto: cerca un escamotage per evitare la punizione. Per di più a spese di quanti non hanno la possibilità di sfangarla, non conoscendo il potente destinatario della lettera in grado di aiutarlo (secondo lui!): loro restino pure dove sono, nel lontano carcere durissimo, perché lui, invece, ha l'appoggio giusto e se la caverà.

Allora lasciamolo dentro, altro che pena alternativa al carcere. Così imparerà, presto o tardi.

Certo, imparerà. Ma cosa?

A questo sfortunato giovane detenuto potrebbe andare come a quello citato nella prima lettera, di essere accolto sotto l'ala da un recluso esperto. Imparerà ciò che gli insegnerà la galera: che bisogna essere più forti, scafati e subdoli dei concorrenti, cioè gli altri carcerati, se si è davvero intenzionati a sopravvivere. Durante la permanenza non verrà istruito dal principe delle rapine o dal sultano della camorra; più probabilmente da altri poveracci come lui che ci sono passati prima e si arrangiano con una vita simile a quella che li ha condotti in carcere, con mille piccoli trucchi quotidiani per arrivare vivi al fine pena.

Non sappiamo quale sentiero l'abbia portato in carcere per la prima volta, ma abbiamo visto che varcare il portone di una prigione è facile, se si verificano le sfortunate coincidenze di tempi, luoghi, ambienti, frequentazioni e carattere. Ma per uno come lui la strada è tracciata: se non interviene l'azione di un carcere alternativo, e non di un'alternativa al carcere, capace di donare al detenuto una cassetta degli attrezzi efficace nel convincerlo a non combinare altri guai, seguirà un percorso obbligato fatto di galera per gran parte della vita. Questa circostanza forse non preoccupa chi accetta tranquillamente il pensiero di una persona maltrattata dentro un ambiente chiuso e privo di dignità. E tuttavia la cultura del «teniamoli dentro» presenta un sottoprodotto inquietante: presto o tardi i detenuti escono e se anche si è felici di risbatterli a marcire dietro le sbarre dopo breve, nel frattempo avranno commesso altri reati nel pur minuscolo intervallo di tempo passato in libertà. Rapine, furti, spaccio o peggio: e la sicurezza? Come non capire che il problema non è tenerli dentro bensì tenerli fuori, cioè fare in modo che una volta usciti non commettano più delitti?

La parola chiave di tutta la lettera, in realtà, è questa: *libero*. Fammi uscire da qui; qualunque cosa pur di essere libero; fammi venire in Comunità da te per essere libero. Questo è l'equivoco particolarmente fuorviante in cui cascano un po' tutti: i reclusi, che vedono in una pena alternativa la possibilità di evitare la detenzione, tornando liberi; i cittadini, preoccupati che i colpevoli di crimini anche gravi (come una rapina a mano armata o lo spaccio) non solo non vengano puniti ma possano ricominciare a delinquere come prima.

La pena alternativa, anzi chiamiamola per ciò che è, il carcere alternativo, non è libertà. Che si viva in una comunità o ai domiciliari, in affidamento ai servizi sociali o in un luogo protetto, non si è *liberi*, si seguono le prescrizioni del magistrato di sorveglianza che impone tempi e modi per l'espiazione della pena. È fuor di dubbio che disponendo di maggior libertà si possa reiterare un reato, ma per chi esce dal carcere senza alcuna rieducazione non soltanto c'è la possibilità che accada, ma, come dimostrano i dati sulla recidiva, è una certezza. Si tratta di capire come si possa gestire il carcere alternativo così da renderlo rieducativo come la galera, oggi, non è.

E poi ci sono i costi, beninteso. Un fiume di denaro che esce annualmente dalle tasche dei contribuenti e fluisce dentro il buco nero del sistema penitenziario: nel 2018 ci è costato 2.881.004.859 euro, quasi 3 miliardi, una cifra spaventosa equivalente a poco più di 137 euro al giorno per ciascun detenuto. E tutto per ributtare sulla strada un enorme numero di personaggi privi di educazione alla legalità e pronti a ricominciare da capo, come prima e più di prima. Probabilmente abbiamo sobbalzato sulla sedia: davvero spendiamo questa cifra enorme per i delinquenti? Sarà bene precisare che per il loro mantenimento individuale vengono impiegati solo poco più di 9 euro (l'8 per cento complessivo), mentre il grosso della cifra, oltre l'80 per cento, è rappresentato da spese per il personale: in gran parte per la polizia penitenziaria. In pratica, spendiamo miliardi di euro ogni anno solo per tenerli rinchiusi, peggiorandoli. Ma ha senso?

*Carissimo Don Ettore ti ringrazio della lettera che mi hai mandato e della vostra disponibilità ad accettarmi nella vostra comunità. Purtroppo qua l'area educativa è molto lenta consideri che io sono qui a UTA 11 mesi e non ho ancora visto la mia educatrice ***** dopo aver fatto una quarantina di domandine e questa situazione la stiamo vivendo tutti i detenuti.*
Il mio comportamento in carcere è buono gli assistenti mi rispettano e anchio rispetto loro Le faccio sapere che qui io non stò lavorando e sono da solo in cella perciò ho anche problemi economici per poter comprare un pacco di caffè e di zucchero.
Al più presto tramite il mio avvocato le farò sapere quando mi avranno accettato il permesso premio.
Tanti Saluti Don Ettore mi auguro di mandarle mie notizie al più presto
Tanti saluti a Cinzia e tutto il personale della comunità e a tutti i vostri ospiti.

*****

CIAO!!!

(Carcere di Cagliari – Uta, 2017)

Undici mesi senza poter accedere a un colloquio con un educatore è un caso limite, ma non così infrequente come si potrebbe pensare. La situazione del personale impiegato nella rieducazione nelle case circondariali italiane è purtroppo disarmante.

Ogni educatore deve interessarsi di ottanta-cento casi (con una notevole disomogeneità sul territorio nazionale), quindi in media riserverà una stentata ventina di ore l'anno a ogni detenuto (nel migliore dei casi) in cui vanno compresi i colloqui informativi ma soprattutto la preparazione della complessa relazione di sintesi, documento che dovrebbe seguire l'iter carcerario del recluso proponendo un percorso di risocializzazione e verificandone dinamicamente gli effetti. Quindi dovrà raccogliere le informazioni provenienti dalle fonti rilevanti (dagli agenti di polizia penitenziaria in poi), discutere con i componenti del team che si dovrebbe occupare del detenuto, redigere il documento, correggerlo, aggiornarlo, sottoporlo al team. Tutto in circa due giorni lavorativi!

Se appena un educatore incappa in un'influenza particolarmente virulenta o in problemi famigliari, la qualità del lavoro e la sua presenza non possono che scadere ancor più, fino alle storture segnalate dalla lettera. E tutto in un sistema in cui il carcerato non ha alcuna possibilità di far valere il proprio diritto a vedere rispettata la legge, perché le disposizioni relative all'opera dell'educatore, al suo ruolo, al mestiere che deve svolgere e ai risultati che deve ottenere sono descritte fino all'ultima virgola in decreti, circolari e integrazioni esplicative. Come poi un educatore possa effettivamente incidere sulla complessa realtà personale di un essere umano in carcere, conoscere davvero la sua storia, comprenderne i problemi – non per compatirlo, ma per capire quale strada intraprendere sulla via di una risocializzazione – non è un mistero, e anzi trova risposta in una conclamata ovvietà: il sistema non funziona, ne fa fede il macigno della recidiva.

La carenza di educatori, assieme alla vita spicciola di ogni giorno basata sull'illegalità, l'arrangiarsi, il continuo brigare, è un altro punto nodale della disfunzionalità del sistema carcerario. I soggetti assistiti dagli educatori hanno spesso difficoltà di relazione, faticano a esprimersi, frequentemente percepiscono l'interlocutore come un nemico incaricato di scovare buoni motivi per tenerlo segregato in carcere. Né aiuta il dato oggettivo della disparità di trattamento per area geografica: in certe province si concedono un maggior numero di benefici, in altre uno minore. Il carcerato fatica a conoscere quali siano i propri diritti e, ahimè, i propri doveri; ma che per ottenere un affidamento in prova sia meglio trovarsi in Brianza piuttosto che nel Lazio lo impara presto e bene. E anche in questo caso al mancato funzionamento del regime carcerario in tema di risocializzazione si aggiunge la tigna del pessimo esempio, ben impresso nell'immaginario collettivo dei reclusi. Giudici buoni e giudici cattivi, carceri buone e carceri cattive: a quando le prime valutazioni su Tripadvisor?

E se per undici mesi non si viene chiamati dall'educatore, che si fa? Si batte una strada alternativa. Cioè ci si arrangia. Ad esempio, se si conosce qualcuno che possa intervenire *in camera caritatis*, si manda una lettera all'esterno con una richiesta di aiuto; o si telefona, se si hanno i soldi e l'autorizzazione, a un avvocato, a un amico, a un famigliare. Si potrebbe provare con uno sciopero della fame – meglio esagerare: anche della sete – ma potrebbe essere controproducente. Ci sarebbe il rischio di passare per rompiscatole e in gabbia non aiuta, perché se gira la voce che sei un piantagrane ti rendono la vita difficile. Non resta che la *domandina*: chi ne ha già mandate una quarantina, manderà la quarantunesima e poi la quarantaduesima...

È giunto il momento di vederla, questa *domandina*: Modulo 393 dell'amministrazione penitenziaria. Esiste in diversi formati, ad esempio 13,5x20 cmq. Rappresenta il punto focale delle possibilità di interazione con l'amministrazione e dev'essere compilata per godere di qualsivoglia diritto.

Raccontino esplicativo: sono arrivati gli occhiali inviati dalla famiglia e sono fermi al casellario perché la consegna è vincolata all'emissione di opportuna certificazione medica da parte di uno dei dottori attivi in infermeria. Come ci si comporta? Ci si iscrive alla lista per la visita medica (se ci si riesce), quindi si chiede al dottore di annotare nel proprio fascicolo sanitario la necessità d'uso di un paio di occhiali, cioè quelli che giacciono solitari nel casellario. Se l'operazione è andata a buon fine – e non è detto, ammettiamolo per amor di brevità – è necessario comunicare all'amministrazione l'esistenza di un'annotazione specifica per l'uso delle lenti e chiedere la consegna dei preziosi strumenti per la lettura. Ecco che entra in gioco la *domandina*. Due brevi note preliminari. La prima: fino all'anno 2000 al posto della dicitura «Il sottoscritto richiede» c'era «Il sottoscritto prega». La seconda: lo stridente contrasto tra lo spazio riservato alla richiesta (quattro righe) e l'area del modulo.

Naturalmente, bisogna ottenere un modulo in bianco, che va richiesto all'addetto, un carcerato, alle ore stabilite: ovvero dopo cena quando le celle sono chiuse (nel caso si viva in una sezione a celle aperte, altrimenti sono sempre chiuse). Ci si aggrappa alle sbarre e si urla finché, nella bolgia generale, tra grida, strepiti e vociare incontrollato, si

MODULARIO
G. - A.P. - 120

Mod. 393 (Amm.Penit.)

MINISTERO DELLA GIUSTIZIA

DIPARTIMENTO DELL'AMMINISTRAZIONE PENITENZIARIA

DIREZIONE DEL ....

.... 20.....

Il sottoscritto ....

richiede ....

....

....

....

NOTIZIE

fondo vincolato	€	*posizione giuridica* ....
fondo disponibile	€	*lav. te di categ.* ...... *officina o serv. dom.* ....
ammontare del peculio	€	*colloqui* ....
		....
		corrisp. telefonica ....

INFORMAZIONI del ....

....

....

....

....

DECISIONE

....

....

....

....

IL DIRETTORE

.... 20..... ....

Stampato presso la Tipografia della Casa di Reclusione di Sant'Angelo dei Lombardi (Avellino) ottiene l'attenzione dell'addetto, al quale si chiede copia dell'agognato modulo. Se si offre una caramella o un caffè il gioco ha maggiori probabilità di riuscita. Se il caffè era buono e la caramella alla menta, c'è caso di ottenerne due, così se si sbaglia il primo c'è il paracadute. Lo si compila in fretta perché bisogna consegnare allo stesso addetto di prima, che provvederà al ritiro: Il sottoscritto richiede *la consegna degli occhiali depositati presso il casellario, come da prescrizione medica annotata ~~nel fascicolo sanitario~~ nella cartella clinica.* (Meglio cartella clinica, anche se è improprio, potrebbe darsi che la denominazione corretta non venga capita: non è che il grado di scolarità degli assistenti penitenziari sia eccelso.)

Può apparire una frase banale ma, dato il livello culturale medio in carcere, non molti sono capaci di concepire di getto una frase di senso compiuto che descriva in quattro righe la richiesta di consegnare un paio di occhiali prescritti dal medico e giacenti nel casellario. Un immigrato, ad esempio proveniente da un paese subsahariano, troverà terribilmente difficile esprimersi per iscritto in tali termini, né sarà agevole per molti detenuti di bassa scolarità raggiungere una sintesi dignitosa in quattro righe. E siamo solo all'inizio.

Il modulo, debitamente compilato, va subito consegnato all'addetto che passa in corridoio appresso ai propri traffici. La remunerazione dei detenuti impegnati nelle mansioni che l'amministrazione penitenziaria retribuisce, infatti, è infima, quindi si supplisce profittando della maggiore libertà di movimento per impostare un qualche negozio che consenta di incrementare i guadagni. Si distribuisce il cibo sottratto al carrello in cambio di altri generi alimentari o sigarette, o favori; si scambiano giornali; si fanno viaggiare piatti di pasta e cotolette di pollo appena cotte. Quindi è necessario individuare il momento adatto per interrompere questo forsennato viavai senza urtare l'addetto, senza disturbarlo a rischio di compromettere l'iter del prezioso moduletto. In realtà, il suo incarico consiste proprio nel ritirare i moduli compilati per imbucarli nell'apposita cassetta per le lettere posizionata all'inizio del corridoio. Ma se non c'è un buon rapporto personale con lui il modulo potrebbe andare misteriosamente smarrito, atterrando nel cestino della carta straccia invece di essere deposto dove deve. Si dev'essere guardinghi.

Posto che la consegna sia andata a buon fine, il modulo verrà preso in carico, assieme a decine di altri, dagli assistenti penitenziari di turno ed esaminato. Di nuovo, se il rapporto personale con gli assistenti non è dei migliori la *domandina* potrebbe andare smarrita a questo punto (cestino della carta straccia). Oppure, magicamente, verrà presa in considerazione attivando un cervellotico balletto: ricerca del fascicolo sanitario, verifica della presenza dell'annotazione del medico, ritiro degli occhiali dal casellario e consegna. Se tutto va bene, una settimana. Posto che il meccanismo non si inceppi in qualche fase, circostanza da non escludere. Naturalmente, non c'è alcuna possibilità di verifica. Non c'è modo di sapere se l'addetto ha imbucato o gettato via; se gli assistenti hanno o non hanno strappato tutto per una qualche sconosciuta ragione o se hanno semplicemente perso la *domandina*; o se l'hanno considerata una sciocchezza, cestinandola. Bisogna aspettare: uno, due, tre, quattro giorni, cinque, sei, sette; dopo una settimana di silenzio si ripete l'operazione da capo. E si aspetta. Sapendo che a quel punto potrebbe anche capitare che un assistente solerte si ricordi di aver già visto qualcosa del genere e la cestini, ritenendola un'inutile ripetizione. Tutto ciò senza neanche sapere se la richiesta sia stata respinta e se quindi reiterarla risulti del tutto inutile.

Ecco: questo è grossomodo il senso della quarantina di *domandine* citate nella lettera.

I detenuti politici degli anni di piombo davano una lettura politica del senso della *domandina*, la consideravano un mezzo coercitivo studiato ad arte per comprimere i diritti del recluso obbligandolo a prostrarsi per ottenere quanto dovuto per legge. Sottolineato, ai tempi, da quel «prega» oggi sostituito da «richiede».

Potrebbe anche essere. La gestione del modulo è affidata alla buona grazia, all'umore dei singoli, ma soprattutto al rapporto che si instaura tra la forza della sorveglianza e la debolezza del sorvegliato. Se costui viene considerato un elemento di disturbo del quieto vivere carcerario, un piantagrane, lo si può colpire cassando sistematicamente le sue richieste, con esiti davvero infausti: la possibilità di accedere ai propri diritti viene veicolata dal Modulo 393. Niente *domandina*, niente diritti! Neppure il più minuto.

Questa lunga digressione apparentemente gratuita sulla *domandina semplice* – che lunga non è, ma ci si potrebbe scrivere un libro attorno e non basterebbe, visto che questo pezzetto di carta, talvolta adoperato per rollare il tabacco se non si hanno i soldi per le cartine, è il fulcro della vita di detenzione – intende invece dare una lettura forse inconsueta degli esiti dell'uso di questo metodo per marcare la distanza e la differenza tra sorvegliante e sorvegliato o, se proprio si vuole, tra rieducazione e rieducato.

Da quanto narrato nel *raccontino* sulla *domandina* (a proposito di nomenclatura che fa a pugni con la dignità del recluso, obbligato alle *domandine*, come si farebbe con un bambino) balza agli occhi la lezione fortemente diseducativa impartita a coloro che si vorrebbero rieducare. In un ambiente basato su regole certe dovrebbero essere impensabili sia la discrezionalità associata all'iter della richiesta, ovvero dipendere dalla buona disposizione degli incaricati, sia la possibilità di un suo uso coercitivo. Il messaggio sotteso, che genera abitudine – altro concetto chiave da tenere a mente – risulta essere che il diritto non viene esercitato perché dovuto, ma perché concesso; diventa dipendente dai rapporti di forza. Per ottenere i propri diritti bisogna trovare modo e maniera di aggirare l'ostacolo. E come, se non ponendo in pratica comportamenti basati su illegalità e irregolarità?

Come si può pensare a un carcere educativo se proprio il fulcro del trattamento penitenziario, l'esercizio dei propri diritti e il riconoscimento dei propri doveri – cioè la temibile *domandina semplice* che chiede l'esercizio di un diritto avendo in risposta la consapevolezza dei propri doveri, cioè quanto si può e non si può fare e ottenere – genera l'abitudine all'illegalità? Non è forse uno specchio fedele della vita viziata responsabile dell'ingresso in cattività? Cosa cambia, un carcere come questo, nell'«abitudine» alla legalità o, meglio, in quella carenza di legalità che ha portato all'esercizio del crimine?

Chi ritenesse eccessiva tanta insistenza sull'effetto deleterio dell'abitudine all'illegalità spicciola nel trattamento carcerario, rifletta sulla comune vita di relazione: essa è largamente basata su abitudini e consuetudini. Queste di certo sono fondate su un insieme di regole condivise, elaborate in un codice di leggi, ma vengono attuate, di fatto, per pura assuefazione. Se evitiamo di rubare un oggetto, pur nella certezza di non essere scoperti e sanzionati, è per la sensazione di commettere un atto sbagliato, non per un ragionamento compiuto inanellando leggi, etica, morale. Rubando, percepiamo un fastidio (e se così non fosse ci sarebbe da riflettere molto sulla nostra educazione), esattamente come quando gettiamo una cartaccia per strada. Sappiamo che è brutto, che la strada è migliore se è pulita perché viviamo meglio tutti, ma non ragioniamo in questi termini ogniqualvolta scartiamo una caramella passeggiando: mettiamo la carta in tasca per abitudine, perché si fa così; così siamo stati abituati. Se il nostro vissuto non ci porta a praticare la legalità per abitudine, ma abbiamo di volta in volta necessità di rifletterci a lungo e di temere una sanzione, ciò è problematico. In realtà non evitiamo di rubare per paura di essere scoperti e puniti, ma perché fin da bambini ci hanno insegnato il senso della proprietà. Si potrà obiettare che la proprietà è un artefatto umano privo di valore in sé, opinabile: c'è chi ha sostenuto, e sostiene, che la proprietà è un furto. E non è detto che sia falso, ma intanto questa discussione ci permette un ulteriore passo in avanti, anzi due.

Il primo riguarda il codice etico di riferimento di una società. Esso è assolutamente opinabile e viene stabilito a maggioranza con un opportuno meccanismo di scelta: la società si autoregola e aggiorna continuamente il disciplinare che determina i rapporti tra gli individui e la collettività. Chiamiamo delinquenti quanti non rispettano il codice condiviso, ma ciò non implica che non possiedano un codice di comportamento e che sia sufficiente insegnarglielo per riammetterli nella società da cui si sono segregati non rispettandone le regole. È l'esatto contrario, e il carcere lo evidenzia.

È noto a tutti che pedofili e infami, cioè delatori, devono essere segregati in aree protette, lontani dalle amorevoli cure degli altri carcerati. Ciò è necessario per evitare, appunto, che se ne faccia giustizia sommaria, perché violentare un bambino e far la spia contravvengono il codice rigorosissimo dei reclusi. E si potrebbero citare decine e decine di «articoli di legge», elaborati e condivisi in ambito carcerario, di norma favorevoli a coloro che possono permettersi di imporsi. Ma anche abitudini tutto sommato condivisibili, come l'ossessione per la pulizia della cella e della qualità del cibo cucinato in cella, ancorché spesso pessimo quanto il vitto carcerario (perché non è solo la sbobba passata dal convento il motivo del cucinare nella propria camera di pernottamento). Una cella mal tenuta viene criticata dagli altri compagni, come la poca igiene, e può portare a un certo ostracismo nei confronti di chi non segue le regole del branco. Molti litigi in cella partono da futili motivi, come la scarsa propensione alla doccia o al cambio della biancheria intima. O il disordine.

Il processo rieducativo deve consistere, necessariamente, nella decostruzione del codice osservato dal recluso e nella sua sostituzione con quello di riferimento della società che lo riaccoglierà. La pretesa di poterlo fare nell'attuale sistema carcerario, come si può facilmente capire dai pochi e pallidi esempi di cosa sia la vita dietro le sbarre – quella vera, sconosciuta a chi in carcere non sia passato da recluso – è del tutto priva di senso.

Il secondo passo riguarda la responsabilità quando si commettono delle irregolarità. In carcere, assai spesso, viene sanzionato un intero reparto (a volte l'intera casa circondariale) a causa del comportamento di pochi membri di esso, anche uno solo. Si potrebbero citare innumerevoli esempi. Il più frequente, la chiusura delle celle in un reparto a celle aperte a seguito di schiamazzi da parte di un paio di detenuti (non di tutti o della maggior parte). Ciò è deleterio poiché in tal modo viene riconosciuta l'esistenza di un'entità cui l'amministrazione fa riferimento, ma che in realtà non possiede alcuna veste giuridica. Sarebbe come condannare per concorso tutto un condominio se l'inquilino del terzo piano prende a botte la moglie.

Qual è la lezione? Che dev'essere l'intero reparto a controllare i propri membri. E poiché gli strumenti di controllo sono i ceffoni, significa che viene richiesta l'adozione del codice dei detenuti: che ci pensino loro, con un buon numero di botte ammannite alla bisogna, a evitare gli schiamazzi della coppia di cretini che ha disturbato, dileggiando il Signor Direttore. Un buon metodo per inviare sganassoni per interposta persona, senza responsabilità e con la possibilità di sanzionare, in caso di esiti infausti, gli autori materiali del fatto, lasciando impuniti i mandanti. Con il corollario di rendere palese e riconosciuta l'esistenza di una gerarchia interna, illegale, costruita sull'uso della brutalità: è l'amministrazione a chiederne la presenza, e se non ci fosse alimenterebbe la necessità di costituirla.

Il comportamento degli assistenti di polizia penitenziaria riguardo la legalità, anche al di là dei fatti eclatanti come le botte gratuite (la legge ammette mezzi di correzione estremi solo in casi circoscritti) o l'esercizio del potere a mezzo *domandina*, è un altro argomento scottante. Un esempio banale: il fumo.

Sono le nove del mattino e l'assistente di turno percorre il corridoio, si avvicina alla porta che dà alle scale di uscita per l'aria. È in anticipo di qualche minuto, quindi si ferma e si accende una sigaretta inspirando con soddisfazione. Sotto il cartello che impone il divieto di fumare in corridoio. Nel frattempo, molti carcerati, visto approssimarsi l'assistente, si sono avvicinati alla porta in attesa del via (siamo in regime di celle aperte e tutti sono liberi di muoversi in reparto). Uno di essi estrae il pacchetto delle sigarette dalla tasca e ne accende una, mischiando il proprio fumo a quello dell'assistente. La conclusione dell'aneddoto non è univoca:

l'assistente può spegnere la sigaretta e chiedere al recluso di fare lo stesso; può continuare a fumare imponendo lo spegnimento al detenuto; può lasciar correre. L'eventualità più probabile è la terza e non è priva di conseguenze. Il punto è che l'assistente, che dovrebbe contribuire al percorso educativo dei detenuti – essendo tra l'altro la figura che più di ogni altra è a contatto quotidiano con loro – fornisce una pessima interpretazione del proprio ruolo. Fumare in corridoio è proibito, c'è scritto a lettere cubitali sul cartello che fa bella mostra di sé accanto alla porta. L'assistente avrebbe il dovere di impedirlo, magari spiegando che fa parte delle regole da seguire, come avviene, ad esempio, negli uffici pubblici là fuori, dove si ritiene di dover tornare a vivere in capo a qualche anno, una volta scontata la pena.

Il recluso, da parte sua, interpreta l'azione dell'assistente come una manifestazione di forza: può fumare in barba alla legge perché ne ha il potere; anche se è proibito. Ovvero, è giusto fare ciò che si vuole, basta poterselo permettere: a proposito della rieducazione e risocializzazione operata dal trattamento carcerario.

Cagliari 27/maggio 2012
*Salve carissimo Don Ettore Cannavera sono ***** ***** il fratello di ***** *****. Inanzitutto volevo ringraziarla per il suo affetto e per quando nel 2001 si preoccupò per me quando mi arrestarono per un po di cocaina. Ora le scrivo con tutta la mia sincerità per dirle che vorrei intraprendere il percorso della comunità e mi creda ci ho già pensato bene*
Dopo due anni di reclusione! Finalmente ho deciso. Avrei potuto farlo prima ma non ero sicuro! Vede caro Don Ettore sono già disintossicato dalla cocaina ma credo che il fattore psicologico lo devo eliminare ancora
Per questo chiedo a lei un aiuto e un colloquio qui se è possibile!

Sono recluso nella casa circondariale di viale Buoncammino N° 19 Cagliari CAP 09123
Non sto bene psicologicamente per vari motivi, mamma che non sta bene che i miei familiari stanno sofrendo per tutte le preoccupazioni che le ho dato e per un caro amico che è uscito dal carcere per andare in comunità nella penisola ma la mamma lo ha trovato deceduto sul letto
Il medico legale ha detto arresto cardiaco, ma i familiari si sono fermamente oposti per l'esame autoptico. Detto questo Don Ettore vorre porre fine alla mia prima parte di vita e incominciare il secondo tempo senza droga senza far preoccupare i miei e dimostrandoglielo a fatti per ciò la prego con tutto il cuore se può aiutarmi. Poi Don Ettore sono in cella con un ragazzo che a vederlo non sembra perché è una montagna di muscoli però anche lui è caduto nella trappola della cocaina sa faceva due lavori uno di questi era servizio di sicurezza nei locali e per non sentire la sonolenza lo stress dai oggi dai domani è diventato dipendente dalla cocaina ora pure lui è disintossicato a 4 bimbi ed è il mio piantone qui perché ho comesso atto di autolesionismo è un gigante buono anche lui vorrebbe parlargli Don Ettore se non le chiedo troppo. So da ***** *che lei è una brava e persona dal cuore imenso. Per questo scrivo a lei e poi vorrei conoscerla la ho vista solo in TV e so che e molto benvoluto Don Ettore me e* ***** ***** *il mio piantone sarebbe un regalo se può venire a trovarci. Ho voglia di condurre una altra vita credo lei percepisca la mia sincerità. Per ora la ringrazio e la saluto con la più infinita stima. Saluti anche dal mio piantone* ***** *****
Don Ettore spero venga a trovarmi
Con infinita stima

***** *****

Il piantone

***** *****

(Carcere di Cagliari – Buoncammino)

Già, siamo nel 2012, quindi l'autore della lettera può permettersi di usare la locuzione *piantone*; sempre che il compagno di prigionia non se ne adombri e gli rifili due sberle ben assestate, perché sarà una pasta di ragazzo ma è anche un palestrato quintaleggiante abituato a fare a botte per mestiere. Si sa, a volte la mano parte da sola. Meglio chiamarlo come si conviene, a norma di regolamento vigente: *assistente alla persona*.

Quando l'amministrazione penitenziaria fornisce le statistiche degli occupati in carcere, cioè quanti svolgono un lavoro retribuito, le percentuali sono elevate: il 30 per cento. Non elevatissime, siamo ben lontani dall'*optimum* della piena occupazione, come tutti vorrebbero, questa volta senza distinzioni nell'attenzione ai diritti umani. Si è generalmente d'accordo, infatti, sulle potenzialità rieducative del lavoro, del guadagnare onestamente svolgendo un'attività lecita.

Peccato che le statistiche non si riferiscano al monte ore lavorato ma al numero di detenuti che, nell'anno, abbia avuto una mansione retribuita almeno una volta; anche per un'ora in dodici mesi. Inoltre, la gran parte di ciò che viene definito lavoro risulta quello richiesto dall'amministrazione penitenziaria: spesino, scopino, piantone, dama di compagnia, scrivano, portavivande. Da svolgere per poche ore al giorno a turno con gli altri detenuti, con priorità derivanti delle condizioni economiche presunte e con retribuzioni ridicole. Sono comunque attività contese, si litiga e si briga per accedervi perché anche i pochi denari incamerati possono far comodo, in special modo a chi è del tutto sprovvisto di appoggi esterni al carcere e manca del supporto necessario alla sopravvivenza. Come abbiamo visto, ci può essere il caso del detenuto confinato in una cella singola che fatica ad acquistare un pacco di zucchero e il caffè (ma ha bisogno anche del fornello e della bombo-letta, oltre alla caffettiera, neanche in carcere si beve il caffè macinato mischiato allo zucchero per addolcirlo).

Inoltre, sono mestieri che permettono una maggiore libertà di movimento e quindi la possibilità di organizzare traffici, talvolta illeciti, per incrementare ulteriormente i guadagni; come il portavitto che può gestire le parti nobili del carrello: il formaggio grattugiato, quando c'è, tenendosene buona parte per sé e la propria cella; le rimanenze della frutta migliore (ad esempio banane avanzate dalla distribuzione nei rari casi in cui il vitto lo preveda).

Chiamare «lavoro» questo tipo di attività e attribuirgli una valenza rieducativa è arduo, considerando, inoltre, la poca spendibilità esterna a fine pena. Sarà anche bello poter vantare in un curriculum di aver svolto la pomposa attività di *assistente alla persona*, facendone buona esperienza, ma la possibilità di reperire un lavoro retribuito a partire da questo è del tutto aleatoria, con buona pace delle convinzioni, vere o infondate, dei funzionari ministeriali esperti di nomenclatura.

In galera ci sono molte realtà, talvolta discordanti e assai spesso contrastanti. Ma sotto questo profilo la realtà del carcere, quella vera, è del tutto fallimentare: a lavorare con regolare contratto e buona continuità per enti esterni è poco più del 2 per cento della popolazione carceraria, una vera inezia.

E come si desume dalle frasi sparse nelle lettere, è di difficilissimo accesso. Questo vale anche in regime di articolo 21,* quando, dimostrata una buona condotta e trascorsi i tempi prescritti, se null'altro osta, il detenuto potrebbe

* L'articolo 21 della legge 354/1975 riguarda il lavoro all'esterno.

lasciare il carcere per svolgere un lavoro all'esterno, vincolato al rientro notturno. Reperire un contratto di lavoro è compito problematico, spesso affidato ad associazioni esteriori alla realtà carceraria: non è il carcere a trovare un lavoro, proporlo, incentivarlo, seguire il recluso nella sua attività. Se è per questo, neppure i lavori richiesti dall'amministrazione sono soggetti a controllo o, quando c'è, è blando e superficiale: chi mai andrebbe a verificare la distribuzione del cibo o la pulizia del pavimento, a parte un'occhiata distratta? Che si arrangino, i carcerati: se proprio desiderano vivere nella melma, si accomodino.

Il risultato scoraggiante è che la detenzione risulta in sostanza una forma di assistenzialismo foraggiato da Stato e famiglie. Il recluso non ha impegni lavorativi, non ha orari, può alzarsi quando gli pare e dormire quanto vuole. Non ha obblighi richiesti da un disciplinare rieducativo, salvo la partecipazione ad attività spesso inutili, percepite come mero passatempo. Si dedica all'ascolto di pessime trasmissioni televisive, gioca a calcio le poche volte che sia consentito, si impegna nel body building, in interminabili partite di carte. Di frequente si gioca d'azzardo, si litiga e si dà inizio a risse, ferimenti e faide infinite. Se non si avesse paura di dire un'enormità, si potrebbe affermare che il carcere sia facile, perché non richiede alcuna responsabilità e i limiti sono imposti fisicamente: si può andare fino alle sbarre di acciaio e non oltre. Di qua si può fare ciò che più aggrada, al mondo di là neppure ci si pensa, tanto non è possibile. Una vita da gregari anche quando si pensa di essere un maschio alfa.

Infine, una constatazione che traspare da ogni lettera: la prigione è brutta, quanto di più lontano dalla bellezza si possa immaginare. Anche una casa circondariale appena consegnata, nuova e mai frequentata prima, risulta cupa, squallida, deprimente. Niente che possa stimolare, in alcun caso, pensieri positivi.

E per quanti fossero ancora incuriositi dalla conclusione del raccontino sugli occhiali, la storia ha avuto un lieto fine: sono stati consegnati. Non in risposta a una delle innumerevoli *domandine*, bensì per interessamento diretto di un assistente penitenziario, impietosito alla vista di un detenuto che per leggere era costretto ad appoggiare la carta stampata contro gli occhi. Interessamento diretto per un tranquillo poveraccio incapace di causare rogne: di *domandine* neppure l'ombra.

Intermezzo di silenzio, senza urla

Il carcere del disagio

I moderni programmi di lettura dei libri elettronici possegono un'opzione per l'interruzione automatica a intervalli di tempo predefiniti. A discrezione del fruitore, che la imposta prima di cominciare a godersi il libro e può modificare quando vuole la durata della pausa, lo schermo si oscura e un timer scandisce i secondi che mancano alla ripresa della lettura. È un escamotage per costringersi a riposare gli occhi, nella consapevolezza che un testo particolarmente interessante potrebbe indurre a divorare le pagine affaticando la vista. E sortisce almeno due effetti secondari: il fastidio di essere interrotti, particolarmente sgradevole per i lettori concentrati, ma anche la possibilità di riflettere su quanto si andava leggendo, seppure per il breve intervallo di tempo ritmato dal timer.

Questo breve intermezzo è pensato per indurre al secondo effetto secondario di cui sopra: qualche istante di silenzio e riflessione dopo il frastuono delle voci dei carcerati. Assordante, per chi sia riuscito a comprenderne i contenuti, le ragioni, le costrizioni, gli equivoci.

Sono state loro, le urla scaturite dalle buste, a mostrarci un carcere per lo più insospettabile dalla maggior parte dei cittadini, coloro che pagano le tasse nella convinzione che il sistema carcerario sia equo, dia lezioni di legalità e sia indirizzato alla sicurezza della collettività. Quest'ultima categoria, la sicurezza, è la più sentita perché, di recente assurta a cardine della convivenza, è il vero e proprio fulcro della feroce lotta politica cui si assiste in questi primi decenni del secolo.

Naturalmente è stato necessario ascoltare facendo uso di strumenti interpretativi indisponibili ai più, anche a quanti sono sinceramente e profondamente interessati alle problematiche della detenzione sia nella sfera dei diritti fondamentali dell'uomo sia in quella dei compiti rieducativi della pena. Certe cose, purtroppo, le possono apprezzare soltanto coloro che il carcere l'hanno visto dall'interno, da reclusi; anche se i numeri, la realtà oggettiva disponibile a chiunque abbia la pazienza di informarsi, possono dire moltissimo: le percentuali di recidiva, di suicidio – come già dicevamo, non solo dei detenuti: si uccidono con preoccupante frequenza anche gli agenti di polizia penitenziaria – sono lì in bella vista, sarebbe sufficiente leggerle.

Cosa dicono in più le voci dei carcerati? Cosa si può leggere tra le righe di lettere apparentemente ingenue (e forse lo sono, nella loro semplicità e illusoria banalità)? Cosa raccontano dell'istituzione carceraria così di frequente invocata quale panacea per i mali di un paese?

Al primo punto, clamoroso, abbiamo già accennato: è la composizione della popolazione carceraria. Un terzo di drogati, un terzo di psicolabili, un terzo di extracomunitari, il resto lo vedremo. Dato, non opinione, da leggere con molta attenzione: non tutti i drogati finiscono in galera (anche se c'è stato chi ha proposto di considerare l'assunzione di droghe un reato penale); non tutti i matti sono in cella; non tutti gli immigrati commettono crimini.

Ma se la percentuale di tossici nella società è immensamente inferiore al 30 per cento che troviamo in carcere, e così quella degli immigrati (che a oggi è dell'8 per cento), e considerato che uno psicolabile è un malato che dovrebbe trovarsi altrove, non in galera, sotto la cura del ministero della Salute (a parte l'ovvia notazione che non c'è un matto ogni tre persone a spasso), cosa ci dice questa enorme sproporzione tra l'incidenza di queste categorie nella popolazione carceraria e in quella nazionale? Perché la percentuale di immigrati in galera è quasi quattro volte la media nazionale – il 400 per cento! – e perché non c'è l'8 per cento di immigrati in carcere?

La risposta è scontata: un tossicodipendente che abbia il denaro sufficiente per bucarsi, sniffare o ingollare prodotti psicoattivi, non sarà certo propenso a impugnare un cacciavite. E a rapinare un passante in un parcheggio nella speranza di tirar su la dose, finendo in carcere a scontare quattro anni per rapina a mano armata, a farsi di metadone e d'altro in cella, se trova i denari per comprarsi qualche dose dallo spacciatore di reparto. Così come un immigrato ben integrato sarà meno disponibile allo spaccio rispetto a un ragazzino buttato per la strada, che ha come alternativa farsi prendere a male parole quando tenta di pulire i parabrezza ai semafori, o vendere un pacchetto di fazzoletti di carta.

Ma la considerazione vale anche per il disagio mentale: quanti sono sostenuti dalle famiglie e da un dignitoso supporto sanitario – cioè possono permettersi cure private, visto che le Asl sono, come ben noto, del tutto carenti –, quanti vengono controllati, curati, accompagnati non commettono crimini o lo fanno con percentuali infime rispetto all'enormità del problema carcerario in tema di disagio psichiatrico. Tagliando il problema con la mannaia, il ricco matto finisce in una ricca casa di cura, infarcito di psicofarmaci all'avanguardia e con una badante carina, così che non possa combinare troppi guai. E se li combina lo stesso, ci pensa uno stuolo di avvocati e periti a trovare la soluzione adatta a evitargli la cella, perché è un matto e, correttamente, deve stare in ospedale o in una Rems.* Ma non è un matto povero.

Perché in carcere, in tutta evidenza, ci finiscono i deboli, in galera ci va soprattutto il disagio. Lo dicono i numeri, non c'è bisogno di far parlare i reclusi. Che però aggiungono altro alle tabelle, alle percentuali e agli studi di sociologia (che taluni vorrebbero trasformare in antropologia, perché l'uomo criminale di Lombroso piace e fa spesso capolino dai discorsi di politici, giornalisti, intellettuali).

Neppure una bestia allo zoo

Il secondo aspetto è la palese disumanità del trattamento carcerario.

In galera si fa la fame, se non si hanno i soldi per la spesa; ci si cambia poco, se non si hanno i soldi per i vestiti e il detergente per lavarli; si prendono le botte, ci si ammala e si viene curati con approssimazione; si vive in celle affollate litigando con il vicino di branda se non ama particolarmente la doccia e puzza di selvatico.

Ma se questo è noto, seppure superficialmente (inimmaginabile finché non capita di subirlo in prima persona), resta poco chiara la disparità di condizioni tra i detenuti.

* Acronimo di Residenza per l'esecuzione delle misure di sicurezza, la struttura sanitaria prevista per accogliere gli autori di reato affetti da disturbi psichici e socialmente pericolosi.

Non tutti soffrono la fame, vengono mal curati e prendono le botte. Ci sono detenuti e detenuti, ci sono i forti e i deboli, e questi, i poveri cristi, stanno ovviamente peggio. E sono la maggioranza. Sono quelli che per primi, e di fatto solo loro, soffrono maggiormente gli inasprimenti delle pene. Non sono i delinquenti efferati, i camorristi e i mafiosi di peso, i bancarottieri che mandano sul lastrico centinaia e centinaia di famiglie, i rarissimi politici corrotti che per una svista finiscono in gattabuia – e ci rimangono pochissimo – a essere colpiti dai provvedimenti che limitano l'applicazione dei percorsi alternativi al carcere e impongono altre restrizioni.

Alla fine, chi resta dentro a essere trattato come neppure una bestia allo zoo – che vale abbastanza da meritarsi uno stuolo di veterinari al seguito – è il tossico acchiappato a rubare una borsa sulla spiaggia e una balla di fieno in una stalla. Quello con il cervello ormai bruciato da una vita di droga che neanche capisce cosa gli stia accadendo. O lo psicolabile mal curato da una famiglia impossibilitata a seguirlo con la dovuta attenzione e abbandonato da un Servizio sanitario nazionale che non ce la fa; e che un giorno, dimenticatosi di assumere la dose giornaliera di psicofarmaci, compie uno sproposito. Magari provocato. Avesse avuto i soldi per una badante che si occupasse di lui e gli preparasse la pillola su un piattino d'argento all'ora stabilita, non ci sarebbe stato sproposito. Né sbarre.

C'è il terribile immigrato che per sbarcare il lunario vende magliette taroccate e siccome non ha fissa dimora, perché vive con le pezze al sedere e non con una famiglia, non può godere dei domiciliari. Non conoscendo nessuno, non riesce a trovare una comunità che lo accolga. Quindi si adatta a chinare il capo dietro le sbarre e di fronte ai guappi del reparto, aborigeni e padroni del territorio.

Se accresciamo il tasso di disumanità della galera, altro non facciamo se non aumentare il disagio degli ultimi. E meno pericolosi.

Già, 30/30/30, sembra la divisione del bottino dopo la rapina del secolo: e il restante 10 per cento?

Convertiamo la percentuale in numeri: parliamo di circa seimila persone, comprendendo nel mazzo i Riina e i Provenzano (prima che tirassero le cuoia in carcere); infatti poco più di settecento sono quelli considerati ad alta pericolosità e confinati in regime di 41-bis. Pezzi da novanta, camorristi, terroristi, figure di riferimento di organizzazioni di ampio respiro dedite al traffico e smercio di droga. Tra i rimanenti cinquemila troviamo assassini, trafficanti di droga di piccolo cabotaggio, spacciatori, rapinatori, pedofili, violenti, truffatori, corruttori, corrotti. Tutte persone che non possono vantare alcuna attenuante o scusa non essendo tossici, matti o immigrati. Ma tra questi ritroviamo in larga misura il disagio, una vita trascorsa in ambienti problematici, con famiglie dedite alla violenza e alla delinquenza o incapaci di allevare dignitosamente i figli, esposti a ogni pericolo e a ogni occasione di crimine. Buttati per la strada.

Insomma, dobbiamo lasciarli tutti a piede libero salvo un paio di migliaia, allora? Perché, a guardar bene, per ciascuno di loro troviamo una buona scusa per giustificarli.

Per nulla, ci mancherebbe. È stato già detto e ribadito che chi sbaglia paga e la pena si sconta. Stiamo evidenziando il fatto che sono personaggi provenienti dal disagio, cioè da una vita complessivamente spesa nell'illegalità, solo per far capire che dentro la galera ritrovano lo stesso identico ambiente da cui sono venuti.

È questo che urlano in continuazione i detenuti, anche se non se ne rendono conto. Se entrano in carcere e sono cattivi, trovano il luogo adatto per rimanere tali, con la differenza che proprio i cattivi sono spesso quelli che soffrono meno degli altri. E che la carcerazione a questa gente non fa proprio niente: non li corregge, non li migliora e non li fa soffrire. Questi se ne fregano, lasciano che il tempo passi. E se sono cattivi di successo, cercano l'opportunità di abbreviare la pena sfruttando ogni cavillo che ottimi e strapagati avvocati sanno trovare e, in carcere, calpestano i diritti dei compagni di prigionia più deboli a proprio vantaggio, costringendoli a diventare cattivi anche se non lo sono. Vale a dire, se non si fosse capito, che la prigione, per come è concepita attualmente, non funziona neppure per loro. Ma, al contrario, li favorisce. Noi pensiamo di rendere dura la galera proprio per punire loro, quei pochi. E invece è tutto il contrario: si adattano presto e bene rendendo ancora più infernale la vita degli altri.

E se nel restante 10 per cento troviamo il colletto bianco, la mosca bianca, ad esempio il carcerato per un reato fiscale – si fatica a scriverlo, come di un ircocervo di cui non si sa bene se esista o sia un mito – ecco che, ancora una volta, il fallimento della rieducazione balza agli occhi immediato. Pur dovendo essere cauti (le carte processuali non ci sono, non sappiamo cos'abbia combinato, potrebbe anche essere innocente, mica sarebbe una novità), non possiamo evitare di notare come la galera non abbia neppure sfiorato, altro che rieducare, quelle convinzioni che l'hanno portato al crimine. È evidente non tanto dalla mancanza di pentimento (parola grossa e sostanzialmente inutile, afferente alla sfera del privato inconoscibile: vai a sapere davvero cosa c'è nella testa di una persona), ma dalla prosopopea con la quale si permette di giudicare i propri crimini quando raccomanda un compagno di carcere perché è educato, pulito, mai una parola fuori posto. Cioè come lui, un delinquente educato. Fosse un barbone che non si lava, sarebbe tutta un'altra storia. A dimostrazione del fatto che il carcerato capisce benissimo di trovarsi in un ambito che è prima di tutto una pattumiera sociale, dove devono restare i clochard, i tossici, i neri, i rom. La Pattumiera circondariale colma di sporcizia sociale.

La galera è criminogena

Il terzo punto, fondamentale per la comprensione dei meccanismi interni alla detenzione, è la diffusa illegalità della vita in carcere. La galera è criminogena, prima di tutto, perché non insegna a vivere in accordo con i codici di comportamento accettati dalla collettività. Ma non per scelta dei reclusi che non accettano i trattamenti rieducativi disposti dall'amministrazione penitenziaria, quanto perché il nostro carcere, oggi, non lo prevede. Non c'è nulla, in una prigione, che inviti il detenuto a una vita di legalità. Esiste invece una coercizione priva di senso, nel significato letterale della frase: una cattività fine a sé stessa, paurosamente simile a una vendetta.

Durante l'applicazione della pena non lavorano, quindi non guadagnano; dunque non possono imparare il valore del denaro conquistato onestamente. Resta in loro la convinzione che i quattrini debbano arrivare da fonti illecite, perché ogni singolo aspetto della carcerazione li spinge alla necessità di comportamenti illegali o scorretti: anche per godere dei propri diritti. E se si trovano in carcere pensano sia solo per non aver svolto il proprio mestiere di delinquenti con la dovuta professionalità. Dunque, devono migliorare – ovvero, peggiorare nei confronti della collettività, delinquere con maggiore efficacia – diventando criminali più esperti. Per la società, più pericolosi.

Conducono una vita sregolata. Non sono soggetti a orari se si eccettua il godimento di alcuni diritti come l'aria e i farraginosi corsi educativi, più una perdita di tempo che un modo per farlo scorrere velocemente. Possono dormire quando lo desiderano, vegliare quanto gli pare tirando mattina di fronte alla televisione. Sono privi di responsabilità in un sistema assistenzialista pagato dallo Stato e sostenuto dalle famiglie (spesso con denaro proveniente da attività illecite). Dal rapporto con i responsabili del trattamento, assistenti penitenziari in testa, imparano i vantaggi dei comportamenti illegali. Quando vengono proposti loro esempi di vita, questi sono contrari allo scopo per il quale dovrebbero trovarsi in carcere: per essere rieducati. E vivono in un ambiente brutto e squallido che non invita ad alcun miglioramento spirituale. Dove la cultura è assente.

Tutto ciò, spendendo ogni anno poco meno di 3 miliardi di euro, 6000 miliardi delle vecchie lire, per chi le ricorda. Centotrentasette euro al giorno. Per ogni giorno dell'anno. Per ogni carcerato. E per i detenuti del carcere minorile, la somma stratosferica di 650 euro giornalieri: seicentocinquanta! Tutti soldi spesi per gli stipendi della polizia penitenziaria (e qualche spicciolo all'altro personale civile), salvo una decina scarsa di euro al giorno per il mantenimento dei delinquenti: spendiamo una fortuna solo per pagare il mensile di chi tiene segregati i detenuti. E, possiamo dirlo? È anche un lavoro di merda e mal pagato. Non funziona, causa sofferenza ai detenuti, agli agenti di polizia penitenziaria e costa una montagna di soldi: possibile non ci sia alcuna alternativa a una cosa così evidentemente stupida?

Non potrà esistere un carcere meno idiota di questo, che abbia maggiori possibilità di far uscire persone migliori a fine pena; che non le maltratti gratuitamente; che costi meno delle cifre enormi spese dai contribuenti ogni anno? Carceri che non richiedano investimenti stratosferici per edificare orrende gabbie di cemento armato pensate al solo scopo di ospitare una colossale insensatezza? Casermoni che guastano il paesaggio quanto una discarica perché proprio di una discarica (sociale) si tratta? Un carcere che non si accanisca sempre e comunque contro i più deboli, gli ultimi, lasciando da parte i soliti noti?

Cagliari 6/7/96

Carissimo *****
ho ben capito come si sta all'Asinara! Quella parola ripetuta («stufo») più volte è segno che proprio non stai bene. Che fare? Per venire da me sai bene che c'è sempre la disponibilità, ma due cose sono necessarie: la tua posizione giudiziaria e il reperimento di un lavoro, oltreché l'accettazione delle regole di vita comune che ci siamo dati in comunità (orari, impegno lavorativo, rispetto, pulizia ecc.).
Quindi ormai dipende dalla tua posizione giudiziaria e dal tuo comportamento.
Ho promesso (ricordalo) anche a ***** ***** *con le stesse condizioni. Vedremo chi arriverà prima (per adesso c'è solo un terzo posto!).*
Antonio ha letto la lettera, per cui ti spiegherà lui stesso del motivo per cui non ti ha risposto. Ho salutato tutti i ragazzi di Quartucciu che mi hai detto. Ti baciano tutte le volontarie.

A presto – Ettore

Inizio degli anni Novanta del secolo scorso. Don Ettore, un sacerdote in continua lite con le gerarchie della propria Chiesa, sperimentata da anni l'assistenza volontaria ai poveracci chiusi in carcere, forte della propria esperienza e

Cagliari 6/7/96

Carissimo [redacted]

ho ben capito come si sta all'Aquila! Quelle parole ripetute ("stuffo") più volte è segno che proprio non stai bene – Che fare? Per venire da me sai bene che c'è sempre la disponibilità – ma due cose sono necessarie: la tua posizione giudiziaria e il reperimento di un lavoro, oltre all'accettazione delle regole di vita comune che ci siamo dati in comunità (orari, impegno lavorativo, rispetto, pulizia ecc.) – Quindi ormai dipende dalla tua posizione giudiziaria e dal tuo comportamento – Ho promesso (ricordalo) anche a [redacted] con le stesse condizioni – Vedremo chi arriverà prima (per adesso c'è solo un 3° posto!) –

Antonio ha letto la lettera, per cui ti spiegherà lui stesso del motivo per cui non ti ha risposto – Ti salutano tutti i ragazzi di Quartucciu che hai aiutato. Ti salutiamo tutti i volontari –

Antonio – Ettore

granitico nelle proprie convinzioni, derivanti dal messaggio evangelico originale di Gesù Cristo, decide di edificare un carcere.

Ha vissuto in quello minorile assistendo i giovani reclusi.

Ha passato giornate su giornate nelle case circondariali confortando gli adulti.

Ha avuto modo di concludere che sono entrambi delle colossali stupidaggini. Penserà lui a mostrare che un carcere diverso è possibile; una galera che rieduchi i delinquenti e li restituisca alla società migliori di com'erano prima di scontare la pena, così che la collettività possa essere più sicura; che li tratti dignitosamente e senza privarli dei diritti fondamentali dovuti a una persona, come etica suggerisce e legge impone; che non costi tutti quei quattrini sottratti alle casse pubbliche, un vero scandalo.

Come sarà fatta questa prigione?

Lo scrive nella lettera inviata a un giovane adulto responsabile di un grave delitto quando ancora era minorenne; è stato rinchiuso dapprima nel carcere minorile, le elementari, e successivamente è stato promosso alle superiori, il carcere per adulti, per concludere l'espiazione della pena. Non è un tipo facile e se lo fosse non si troverebbe dove sta, dietro le sbarre. In un barlume di lucidità si dice disponibile ad affrontare un percorso di rieducazione. Forse lo spinge la paura di ciò che sta vivendo, forse la speranza di poter uscire di galera in anticipo rispetto alla durata, lunghissima, della pena. Se è vera la seconda, si sbaglia: non lo aspetta la libertà ma un carcere più difficile di quello che tanto lo angustia, perché non ci sono le sbarre, è vero, ma ciascuno deve costruirsi le proprie. E rispettarle, anche se non ci sono fisicamente a sbarrare il cammino. Com'è fatto?

> *Per venire da me sai bene che c'è sempre la disponibilità, ma due cose sono necessarie: la tua posizione giudiziaria e il reperimento di un lavoro, oltreché l'accettazione delle regole di vita comune che ci siamo dati in comunità (orari, impegno lavorativo, rispetto, pulizia ecc.).*

Chi si occupa della teoria del caos, tema meno cervellotico di quanto possa apparire, insegna che i migliori esempi di strutture complesse sono quelli contraddistinti da grande semplicità.

Ma per capirlo bisogna tornare indietro di un altro mezzo secolo, alla fine della Seconda guerra mondiale, e fare la conoscenza di un neonato che diventerà quel sacerdote. Si chiama Ettore Cannavera e sarà il fondatore di una straordinaria prigione priva di sbarre ma ricca di ulivi. In cui è, a un tempo, difficilissimo e facilissimo scontare una pena detentiva. In cui la vita è soprattutto esempio, rigore e ascolto; educazione e legalità. Rispetto. Bellezza. Cultura. Interpretarla e capire perché sia così efficace nel recupero e nella risocializzazione dei detenuti – i numeri non mentono, la recidiva è praticamente scomparsa – sarà una faccenda complessa, ma per fortuna anche semplice.

Stiamo per insinuarci nella vita di uno che ha fondato una nuova prigione lasciandosi irretire da un sole al tramonto dietro una collina. Di fronte a quel tramonto troveremo la nuova galera.

Ed è tutto rigorosamente vero.

Una vocazione 2.0

Ettore Cannavera nasce quando la Seconda guerra mondiale vive i terribili atti finali del suo corso. Nella culla, forse fa ancora in tempo a percepire il rombo degli ultimi stormi di aerei alleati che sorvolano Dolianova, il suo paese, per andare a colpire il porto di Cagliari. Ma è troppo piccolo per realizzare il significato di quel rumore assordante e distruttivo. E per lui la fine di Mussolini, appeso alla pensilina di un distributore di benzina, o il suicidio di un feroce dittatore tedesco e la conclusione del massacro europeo non hanno alcuna rilevanza: come tutti i bambini è impegnato a nutrirsi e a entrare in contatto con il mondo attorno a sé. Per avvertire l'orrore della Shoah ci sarà tempo.

Cresce in una famiglia solida, il padre imprenditore agricolo, la madre presente a gestire la quotidianità della casa, bella, ampia e dentro il paese. Le proprietà, le terre, sono tutt'attorno nel contado, dalle parti di Serdiana, un centro ancora più piccolo poco distante. Cagliari è vicina, non quanto oggi però. È distante quanto basta per avvertire solo superficialmente il dramma della distruzione e degli sfollati che rientrano in una città lunare, in cui anche le rotaie dei tram sono state divelte e arricciate dalla potenza delle bombe.

Ettore vive in un ambiente intriso di serenità: studia, gioca, ma soprattutto assorbe l'insegnamento famigliare, fatto innanzitutto di esempio. La terra può essere madre ma anche matrigna, pretende attenzioni continue e dedizione quotidiana, senza sconti. C'è sempre da fare e non si ozia mai; il capofamiglia insegna con l'arma potentissima dell'esempio: presto in piedi, subito al lavoro, niente sprechi, neppure di tempo, coadiuvato dalla moglie che ne condivide appieno lo stile di vita. L'esempio, una delle prime chiavi.

Come si diventa sacerdoti? Il clero parla di vocazione, di chiamata: questo vuol dire *vocatio* in latino. Ettore è ancora un ragazzino, poco più di un bambino, quando frequenta l'oratorio e conosce il parroco, una brava persona che si dedica agli altri, organizza le attività per i ragazzi, raccoglie l'elemosina per i poveri. Dà l'esempio come il papà; ed Ettore, abituato a valutare positivamente il comportamento di *chi fa* prima ancora di insegnare, o *insegna facendo*, decide di essere come lui. Di imitarlo. È una vocazione, una chiamata?

A quei tempi il sacerdozio è altro da oggi. Sulle famiglie pesano i problemi dell'immediato dopoguerra, ci sono tanti figli da sistemare e a volte anche il cibo per sfamarli è un problema; può aiutare uno in meno, in seminario e poi prete, posizione di comodo e piccolo potere nelle comunità dell'epoca. Molti arrivano al sacerdozio in questo modo, ma non Ettore, tanto che in famiglia la sua scelta viene accolta con perplessità dal padre, tendenzialmente contrario, e con favore dalla madre, credente e praticante. Per lei, forse, è un segno di un essere superiore che chiama e poi non è l'unico figlio, ci penseranno gli altri ai nipotini. E il seminario è poco distante da casa, potrà restare in paese, in famiglia. Sì, una benedizione del Signore.

In seminario si trova bene. È un bel posto, arioso, avviluppato attorno a una chiesa romanica di rara bellezza, instilla serenità. Ettore studia con profitto, tira calci al pallone nella piazza in terra battuta, frequenta il liceo classico a Cagliari e si diploma. Quindi passa quattro anni al seminario di Cuglieri, un piccolo centro dell'oristanese; altri quattro anni per la laurea in Teologia, finché, non ancora ventiquattrenne, età minima per l'ordinazione (quindi con dispensa arcivescovile), diventa sacerdote.

È bravo e stimato dai superiori. Possiede ciò che comunemente si chiama «carisma», l'inconsueta capacità di suscitare attenzione irradiando autorevolezza, anche se giovane e inesperto del mondo. In lui si intravedono i germogli di grandi possibilità, forse ciò che la Chiesa chiama «carisma» in un senso sottilmente diverso dall'altro: un dono che Dio elargisce a un uomo a vantaggio di tutta la comunità. La Chiesa ha bisogno di preti come lui, uomini che vengono ascoltati quando parlano perché la loro voce si impone senza bisogno di urlare, come se scaturisse dalle labbra provenendo dall'alto, da molto in alto.

Sacerdoti così, che assommano in sé il carisma, la cultura, la capacità di lavoro, la facilità di relazionarsi con il prossimo, detentori di strumenti raffinati di interpretazione della realtà, possono scalare le gerarchie, contribuire fattivamente all'affermarsi della parola di Dio nella complessa organizzazione secolare incaricata di guidare il gregge dei fedeli.

Oppure prendere una strada diversa, associarsi alla minuta pattuglia di critici che nella Chiesa non è mai mancata, ma – anche in questo caso le vie del Signore sono innumerevoli, anzi infinite – operare per il bene: non è forse vero che anche gli eretici ricoprono un ruolo fondamentale come contraltare della verità? Anche loro hanno un fine:

salire sul rogo per la maggior gloria di Dio. Per capire quale sarà il destino di Ettore non c'è che un modo: metterlo alla prova. Con gradualità, perché le vie del Signore saranno infinite, ma Roma non fu fatta in un giorno. Soprattutto quella papale.

Appena ordinato, gli viene affidato il ruolo di educatore presso il seminario di Cagliari per la cura spirituale dei seminaristi più giovani. Se ha carisma, cultura e capacità di lavoro, dimostrerà cos'è in grado di fare.

Gli anni Sessanta si stanno concludendo, il mondo è scosso dal terremoto della rivoluzione culturale. Sono gli esiti della guerra che giungono a maturazione, esplodono in una nuova richiesta di giustizia sociale. Ne risente anche la Chiesa, si manifestano i primi segni della clamorosa crisi di vocazioni che svuoterà i seminari nei decenni successivi; ma Cagliari è un luogo defilato, periferico, ed Ettore, che tutto è fuorché uno sprovveduto, e ha dovuto riflettere sulla crisi vocazionale del suo giovane padre spirituale, ha di fronte a sé il paesaggio in cui opera. È nato e si è formato in una piccola realtà rurale, ha studiato in una città lontana dai maggiori centri culturali del paese, poco toccata dalle correnti innovatrici. Resta in lui, forte, la motivazione sulla quale ha fondato la propria decisione di associarsi al clero: essere simile al parroco di campagna che tanto l'aveva impressionato donandosi agli altri, operando per il bene della comunità e il riscatto degli ultimi. Pur non senza inquietudine, sarebbe stato impossibile, in quegli anni, aderisce con convinzione al ruolo assegnato.

E il vescovo, fresco cardinale (quando si dice la predestinazione!) lo manda a Roma, a studiare al Pontificio ateneo salesiano (Pas). Ci resta quattro anni e trova anche il tempo di laurearsi in Psicologia, perché il padre gli ha insegnato che il tempo non si spreca e c'è sempre del lavoro da fare, appena ci si volta attorno e lo si cerca.

Roma non è Cagliari e sono iniziati gli anni di piombo. Il paese è in prima linea nella Guerra fredda, squassato fin nelle fondamenta dalla strategia della tensione. Ettore arriva nella capitale che il fumo delle bombe di piazza Fontana aleggia ancora nell'aria e ci resta quanto basta per vedere la strage di piazza della Loggia, i morti dell'*Italicus*, lo sciagurato sgombero delle case di San Basilio, occupate da una torma di diseredati. Quattro anni di feroce guerra civile. Sono tempi in cui si danno due possibilità: spegnere il cervello ritenendo che la realtà si possa eliminare agendo su un interruttore metaforico, oppure riflettere e ascoltarsi. E questa mania dell'ascolto Ettore l'ha sviluppata presto e non ha intenzione di smettere: ciò che ha vissuto a Roma, non solo nelle strade ma soprattutto dentro la Chiesa, quella insospettata della capitale, l'ha posto di fronte all'enorme problema della propria vocazione, del ruolo che assumerà nei confronti della comunità dei credenti. Abitando presso il Collegio dell'Apollinare, che gode della extraterritorialità e quindi è parte integrante della Città del Vaticano, ha visto traffici e negozi che nulla hanno a che spartire con il messaggio evangelico. Deve aderire a ciò o deve fare come gli altri tre giovani preti mandati a studiare assieme a lui, che non sono tornati, adducendo ottimi e fondati motivi, non ultime le porcherie toccate con mano tra le mura della Città del Vaticano?

Il cardinale li aveva inviati in quattro, Ettore è l'unico che torna a casa prete come quando era partito. I dubbi non si contano, ci sono e negarli sarebbe sintomo di stupidità, condizione umana che detesta. Se si è comportato diversamente dai compagni di trasferta non è per convinzione profonda, quanto perché gli è stato insegnato il rispetto degli impegni e lui ne ha preso uno enorme, con sé stesso e con il prossimo, forse con Dio: percorrere la strada di aiuto agli ultimi che tanto l'aveva intrigato da bambino.

Ci sarà un motivo se nella sua famiglia tutti i fratelli, ciascuno nel mestiere che si è scelto, finiranno per primeggiare. Perché l'esempio e l'educazione, l'ambiente nel quale ci si forma, sono ciò che ci fanno diventare quello che siamo, talvolta nonostante noi stessi: ha mai visto il padre o la madre sottrarsi a un impegno? Cessare la fatica necessaria per rispettarlo? Se le cose non vanno, si raddoppiano gli sforzi. E se non basta si triplicano, questa è una buona risposta, anzi l'unica.

Torna a Cagliari e viene destinato, nuovamente, al ruolo di educatore delle giovani leve ginnasiali del seminario.

E, in capo a un anno, di quelli affidati a lui se ne vanno in sedici. Cioè tutti.

Come sanno bene i fisici, gentaglia senza Dio, gli esperimenti si comportano come gli pare. Il risultato di quello che ha coinvolto Ettore non piace eccessivamente alla gerarchia e il cardinale lo sospende dall'insegnamento: avrà carisma, intelligenza, ascendente, cultura, spirito critico; sarà simpatico, sempre un piacere dialogare con lui, avrà tanti ottimi motivi per pensare ciò che pensa e insegnare come insegna, ma i preti servono, altrimenti la Chiesa si estingue. Una guida spirituale che li spinga a riflettere troppo a fondo durante un'età critica come l'adolescenza, suggerendo di fatto di posticipare la decisione sulla propria vocazione a un'età in cui si sia più maturi e consapevoli, è una vera e propria iattura. Se lasci andar via un ragazzino di quindici anni, e questo prova il mondo sul serio, non lo riacchiappi più. Intollerabile.

Ed Ettore se ne va nel deserto.

Non subito. Dapprima cerca rifugio presso i Piccoli fratelli di Charles de Foucauld. Prima a Spello come prete operaio, nella comunità di Carlo Carretto, quindi in Spagna, a Roquetas de Mar, nella provincia di Almería. Luoghi adatti a lui perché riflettono lo stato esistenziale che l'ha portato dentro la Chiesa, la semplicità del messaggio evangelico ricavato dalla lettura delle parole di Cristo, apparentemente così ingenuo eppure così profondo:

> «Perché ho avuto fame e mi avete dato da mangiare, ho avuto sete e mi avete dato da bere, ero straniero e mi avete accolto, nudo e mi avete vestito, malato e mi avete visitato, ero in carcere e siete venuti a trovarmi». Allora i giusti gli risponderanno: «Signore, quando ti abbiamo visto affamato e ti abbiamo dato da mangiare, o assetato e ti abbiamo dato da bere? Quando mai ti abbiamo visto straniero e ti abbiamo accolto, o nudo e ti abbiamo vestito? Quando mai ti abbiamo visto malato o in carcere e siamo venuti a visitarti?». E il re risponderà loro: «In verità io vi dico: tutto quello che avete fatto a uno solo di questi miei fratelli più piccoli, l'avete fatto a me». (*Vangelo di Matteo* 25, 35-40)

Non dovrebbe essere questo il ruolo della Chiesa, ciò che Gesù ha insegnato ai propri discepoli? E non sono questi, i discepoli, i precursori della gerarchia ecclesiastica? E cosa c'entra la Chiesa vista a Roma, con il messaggio di Gesù?

Per gli occidentali il deserto è una metafora dell'isolamento, del silenzio, della lontananza; per questo ci vanno così spesso in cerca di riflessione e di ascolto di sé, per capirsi. Ci finisce anche lui, in Algeria, a Béni Abbès, sempre dai Piccoli fratelli, ma ci passa tre mesi appena e fugge via anche da lì concludendo un anno sabbatico che lo lascia, ancora, piuttosto insoddisfatto, salvo una determinazione perseguita senza esitazioni: sarà ancora un sacerdote.

Inseguirsi correndo disperatamente da una parte all'altra di solito non assicura risultati; si rischia di non trovarsi mai perché nel momento in cui ci si potrebbe acciuffare ci si è già spostati altrove. Meglio fermarsi, tornare a casa.

A Sarroch, in vista di Cagliari, passa due anni da viceparroco, con un diacono anche lui in crisi profonda e legato a una donna che finirà per sposare lasciando la tonaca. Chiede una parrocchia per sé e la ottiene lì vicino, a Santa Margherita di Pula, ma non come parroco: lo nominano amministratore apostolico, perché un prete così inaffidabile è meglio tenerlo al guinzaglio. È il 1978, Ettore ha trentaquattro anni e dopo tanto corrersi dietro si è finalmente e pienamente trovato nel messaggio evangelico a lui così caro: dal Tribunale di Cagliari gli mandano due tossicodipendenti che lui accoglie in casa, assistendoli assieme a due obiettori di coscienza. Sulla propria vocazione non ha più dubbi, seguirà le parole di Gesù: darà da mangiare agli affamati, vestirà gli ignudi, accoglierà i forestieri, assisterà i carcerati. E, da questo momento è bene chiamarlo don Ettore, perché sul fatto che sia un sacerdote convinto del proprio ruolo e della propria vocazione non sussiste più alcun dubbio: una vocazione 2.0.

Rispondere alla chiamata, a questo tipo di chiamata, è solo un punto di partenza, dal quale far logicamente discendere uno stile di vita funzionale al successo del proprio ruolo. Don Ettore si convince che l'esercizio della propria funzione di sacerdote sia incompatibile con la percezione di uno stipendio e decide di vivere dei proventi di un mestiere, come tutti. Vince un concorso e insegna filosofia, psicologia e pedagogia alle scuole superiori e intasca il salario di dipendente pubblico, non altro. Da allora in poi, per il proprio mantenimento riceverà soltanto il corrispettivo del proprio lavoro, inclusa la pensione, quando sarà il momento: a chi gli chiederà il perché, risponderà che intascare denaro per fare il prete è simonia.

Fornire dettagli della sua biografia è necessario per comprendere la filosofia di intervento di questo sacerdote atipico (si capirà poi meglio perché atipico) nell'ambito carcerario. Riflettere sul rifiuto di uno «stipendio da prete» consente una breve pausa in questa obbligata intromissione nella sua vita privata, proprio per sottolineare come certi particolari consentano di capire i meccanismi di funzionamento della Comunità da lui fondata e diretta, indirizzata al recupero e alla risocializzazione dei detenuti. Infatti il primo baluginare risale a questi anni, l'inizio degli Ottanta, quando decide di prendere con sé quei due tossicodipendenti formando un gruppo di lavoro con la collaborazione di due obiettori.

Come si può capire dal suo vissuto, don Ettore giunge alla sua vocazione – la 2.0, non la prima, se mai c'è stata – attraverso un percorso di critica feroce delle proprie aspettative. Quando entra in seminario è un ragazzetto che vuole emulare una persona da cui prende esempio, considerandola emblematica di tutta la Chiesa. E lo fa convinto che l'esempio sia discriminante nella diffusione dei propri ideali: non è pensabile, per lui, agire diversamente da ciò che si predica. Da questo punto di vista, ritiene il lavoro – un lavoro dignitoso e arricchente – fonte primaria di dignità umana, così come reputa la missione del sacerdote un impegno spirituale, un servizio delicatissimo. E si domanda: come può suggerire, e soprattutto mostrare, a un detenuto da recuperare, quanto il lavoro sia discriminante tra una vita di legalità e una di crimine, se non lo pratica in prima persona? Se non lavora anche lui, evitando di confondere il lavoro, il pane quotidiano, con la sua missione di evangelizzazione? E come può pretendere rigore da un detenuto sulla strada del recupero, a cui si dovrà chiedere senza sconti il rispetto di un disciplinare prevedibilmente difficile, se lui per primo cede su un fattore così importante?

Ecco che torna l'esempio, applicato in termini positivi, in un percorso di risocializzazione, come invano lo si cerca in carcere, dove prevale regolarmente in negativo nello spingere i carcerati alla violazione delle regole. Così si spiega il tempo speso a narrare l'aneddoto emblematico sul fumo, la sigaretta accesa dall'agente di polizia penitenziaria sotto il cartello con la scritta «Vietato fumare». Racconto, peraltro, di un fatto realmente accaduto.

Tanto è centrale, l'esempio, che val la pena accennare all'«operatore di condivisione», la figura di educatore che don Ettore pone a cardine dell'attività di risocializzazione prevista nei percorsi di recupero delle sue Comunità. Nasce proprio dall'esperienza di quegli anni iniziali.

Quando nel 1982 costituisce, a Cagliari, la Cooperativa Kadossène (nome poetico della Sardegna in greco antico: «pantofola degli dei»; sarà nota come «quella di via Tevere») per ospitare e accompagnare a un recupero esistenziale e sociale minori con pendenze giudiziarie, ammessi a fruire di pene alternative alla detenzione, comprende immediatamente la necessità di *condividere* il percorso che desidera suggerire ai suoi ospiti. Nella sua filosofia di recupero, elaborata a partire dai suoi studi di Psicologia ma soprattutto dal suo vissuto, è fondamentale non solo impartire istruzioni, suggerire, imporre ed eventualmente sanzionare, quanto comportarsi per primi in accordo con il disciplinare previsto: *mostrare come si fa*. Senza trascurare lo stabilirsi di una chiara gerarchia che distingua l'educatore dall'educato e con la necessità della sanzione per ogni violazione. Tuttavia essa viene comminata al solo fine di sottolineare una carenza di comportamento, mai per rimarcare una gerarchia: questa deve scaturire dall'accettazione piena dell'educato nei confronti dell'educatore in termini di comportamento. L'esatto opposto di quanto si è visto per il carcere. Così nasce l'operatore di condivisione, che condivide il percorso di recupero insegnando con l'esempio.

Sono anni di attività frenetica. Don Ettore insegna per mantenersi, prosegue la propria opera di evangelizzazione, si occupa dei minori ammessi a pena alternativa ospitandoli in due appartamenti affittati a questo scopo: sono dodici ragazzi, suddivisi in due piccole comunità di ugual numero. E fa dimagrire vistosamente (di oltre un quarto) il carcere minorile. Soprattutto, coagula attorno a sé una rete di collaboratori e volontari, sviluppa contatti con il mondo giudiziario, politico, intellettuale. Prende corpo un altro cardine della risocializzazione nella concezione del recupero sviluppata da don Ettore: l'apertura verso l'esterno.

La comunità è l'antitesi del carcere: questo è chiuso in sé, con le sue gabbie, il cemento, lo squallore, il taglio delle relazioni dell'internato che viene di fatto isolato dal resto della società. Quella dev'essere aperta. Nel rispetto della sicurezza della comunità, certo, con le dovute precauzioni; ma aperta alla relazione, altrimenti non è possibile impostare una risocializzazione. Con chi dovrebbe risocializzare, il reo, se non comunica con la collettività che dovrà riaccoglierlo e rimane a contatto solamente con quelli come lui?

E in quest'opera è necessario rendere centrale il ruolo della cultura. Quindi libri, incontri culturali, partecipazione a eventi centrati, spesso, proprio sulle tematiche dei diritti umani, dell'ascolto del diverso. Crescita culturale come crescita della consapevolezza della possibilità di svolgere un ruolo nella società. I ragazzi affidati a don Ettore non hanno più bisogno di atteggiamenti aggressivi per affermare la propria esistenza perché si sentono importanti prima di tutto come esseri umani. Una rivoluzione copernicana nella loro visione del mondo.

Dieci anni di lavoro, intenso, caso dopo caso, a evitare ai minori e giovani adulti il passaggio nelle case circondariali nel tentativo, riuscito, di dar loro un'opportunità di recupero, di evitare una vita di recidive passata in carcere.

Dieci anni difficili, ma proficui, in cui si sviluppa la fitta rete di relazioni su cui si baserà il progetto tuttora in atto, quello della Collina.

Agli inizi degli anni Novanta, don Ettore è di nuovo inquieto. La cooperativa funziona, svolge egregiamente il ruolo per il quale è stata costituita, ma c'è qualcosa che manca. Il silenzio, ad esempio, così importante per ascoltare le proprie ragioni e quelle altrui. Manca la bellezza, il corollario del silenzio. Manca un rapporto costante, invasivo, con la cultura. È difficile avere tutto questo in un paio di alloggi in affitto in una città come Cagliari; caotica, chiassosa, mediterranea. Ricca di pretesti per sviare l'attenzione alla risocializzazione verso altri obiettivi, potenzialmente pericolosi. Isolare i ragazzi che a fatica ricostruiscono un rapporto con la società è di certo sbagliato, lo dimostra il fallimento delle strutture carcerarie. Ma è necessario, forse, individuare un percorso graduale per consentire loro di acquisire gli strumenti adatti prima di porli, anche fisicamente, a contatto con una realtà che potrebbe rivelarsi troppo difficile da affrontare nella sua enorme complessità. Come si fa a rieducare una persona che è vissuta nel disagio, arrivando a delinquere a poca distanza dall'alloggio nel quale spende il periodo di rieducazione?

Capisce allora che deve rivolgersi ancora una volta al proprio percorso, deve prendere esempio da ciò che lo ha condotto al punto in cui si trova per superarlo e superarsi: si ricorda dell'anno sabbatico passato alla ricerca del silenzio, dell'ascolto, di sé, degli altri. Ha avuto bisogno di un periodo di riflessione lontano dalle cause del turbamento. Senza costrizioni, infatti ha interrotto l'isolamento quando ha sentito di essere pronto, ma di quel silenzio, di quella riflessione, ha avuto necessità per ripensare sé stesso, per *rieducarsi* alla propria vocazione. Forse i ragazzi che gli vengono affidati dovrebbero sperimentare anche questo, prima di essere di nuovo riammessi nella società dalla quale sono stati espulsi. Sebbene immaginare una soluzione per tenerli isolati senza segregarli appaia arduo.

Nel frattempo, i contatti sviluppati all'interno del sistema giudiziario lo invitano a un passo importante: vivere direttamente il carcere minorile. Viverlo, per capire dall'interno le sue contraddizioni e i motivi dell'evidente disfunzionalità, perché da quella prigione i minori escono soltanto per entrare (presto o tardi, ma di norma prestissimo) nel carcere per adulti e rimanerci, spesso, per l'intera esistenza.

Don Ettore non è particolarmente entusiasta dell'invito, ma decide di seguire il consiglio di un magistrato che lo spinge con insistenza a provare di persona la realtà del carcere, così da acquisire quelle conoscenze che non potrebbero essere ottenute altrimenti. Non sarà la stessa esperienza del carcerato, ovvio, impossibile a ottenersi se non a prezzo della commissione di un delitto e della relativa condanna, ma quanto di più vicino a essa si possa pensare: la persona che può condividere le inquietudini dei reclusi avendoli di fronte dietro le sbarre, nella loro vita quotidiana di prigionieri.

Gli sembra ragionevole; inoltre nuove esperienze non possono che arricchire. Nel 1992 don Ettore entra nel carcere minorile di Quartucciu, nel cagliaritano, ma non si limita a una visita: per i successivi due anni svolge, senza ruolo ufficiale, le mansioni di cappellano. Riceverà l'incarico nel 1994 e come al solito rifiuterà qualunque compenso, continuando a vivere dello stipendio di insegnante.

I tempi sono maturi per La Collina: c'è l'esperienza più che decennale all'accoglienza; c'è un gruppo di collaboratori e volontari di rara esperienza, maturata nell'esperimento di Kadossène; c'è la conoscenza della realtà tremenda del carcere minorile, in apparenza meno drastico di quello per adulti ma sottilmente molto più dannoso, con percentuali di recidiva ancora più elevate. Una vera fucina di reclusi a vita. È un profondo trauma, per il cappellano non ancora cappellano, poi cappellano titolare, assistere a casi in cui una scarcerazione dura lo spazio di poche ore e un minore liberato al mattino commette un reato e rientra in cella la sera dello stesso giorno. Conoscere da presso la realtà del disagio minorile fatto di famiglie a pezzi, genitori carcerati, drogati, costretti a una vita che è mera sopravvivenza, tra spaccio, prostituzione, violenza e alcolismo. La realtà dei ragazzi maltrattati all'esterno della prigione, per le strade, che ricevono un trattamento peggiore dal sistema carcerario, andando incontro alla completa rovina esistenziale.

Cagliari_28_08_95
*Ciao don ettore chi ti scrive e ***** *****, caro don ettore. pultroppo mi trovo ha buon camino devo scontare dieci mesi per un auto. pero linportante e che sto bene e cosi spero per voi e tuto l'istituto* [il carcere minorile di Quartucciu, in cui è stato detenuto] *don ettore vi ho schritto per ringraziarti per tutto quello che hai fatto per me quando ero detenuto a quartucciu qui si va*

in Chiesa una volta al mese, è secondo loro e gia troppo, qui viene mia sorella ha trovarmi e tra qualche giorno, mi trasferiscono a is arenas qui dentro fanno schiffo don etore e bruttissimo, ora vi saluto e ha risentirci ha presto. Ciao

don ettore

mando i saluti
a tutti quelli che mi
conoscono ciao a tutti

*****

(Carcere di Cagliari – Buoncammino)

ISILI_29_09_95
Carissimo ettore, sono rimasto stupito che almeno tu mi hai schritto . perche non mi schrive nessuno. ora ora sto in una colognia penale qui si sta meglio di dov ero là messa si fa ogni domenica e questo mi fa piacere veramente. be ora ti dicco quello che faccio. pultroppo non sto lavorando e sono un po' nei guai dei miei famigliari non è venuto nessuno e io sono senza un soldo. e, non so ha che mano darmi non posso vivere così. non so piu cosa fare. Credimi ettore io non ce la faccio piu. vorrei fare qualcosa ma non mi viene niente in testa. ettore. io vorrei che mi faresti un favore e che sono senza soldi spero che tu mi credi. e gesù lo sa come lo so io ettore mi puoi mandare qualche cosa ti ringrazierei con tutto il quore sei lunico che mi capisca ora non so piu che scriverti e
ti ringrazio
se fai qualcosa
per me e ti saro
riconoscente per il
resto della mia
vita
*****

(Colonia penale di Cagliari – Isili)

CAGLIARI 8_3_96

*Carissimo don ettore chi ti schrive è ***** ho ricevutto la tua lettera che mi ha fatto piacere. Comunque, tra 1) mese dovro andare al minorile ha scontare 8 mesi. Cosi ci ripossiamo incontrare. ho fatto la domanda per parlare con il cappellano di qua pero non mi hà ancora chiamato ettore io vorrei andare in una tua comunita ma non come tossico ma come un ragazzo normale. ettore spero che tu mi acceterai nella tua comunita. perche io qui non ce la faccio piu. ettore spero che tu mi capisca quando mi Chiama l'assistente sociale parlero con lei pero tu mi devi dare una risposta se mi fai entrare in comunita spero che sia una risposta positiva ettore ti ho visto nel giornale con il direttore morillatti Comunque grazie per i francobolli. Che ne avevo bisogno non sapendo piu cosa dirti*

ti saluto con un
forte abraccio

Ps: Ettore Fai qualcosa
Per la comunitta

*****

Ciao
Scrivi
Subito

*****

RIGUARDO ALLA
COMUNITA
FAMMI SAPERE
CIAO
ETTORE

(Carcere di Cagliari – Buoncammino)

CA. 1.05.97 buon cammino

Ciao caro don ettore come puoi vedere non dimentico mai le brave persone come te come gia sai sono nuovamente in carcere

per scontare sei mesi ti posso dire che questa carcerazione per me e a sai brutta perche i miei famigliari non vogliono sapere niente di me e di mio fratello perche ce pure lui qui in cella con me. ho fatto una domanda per un coloquio con la suora cosi gli chiedo di aiutarmi poi ho fatto una domanda per un altro coloquio con la udicina [Paolo Laudicina] *cerco di fare qualcosa per qualche comunita dato che mia madre non viene devo arrangiarmi da solo ci sono gia quasi 20 giorni e non si è visto nessuno comunque non inporta ce la faro pure da solo ora ti saluto ciao* *****
PS X le volontarie dille se qualquna non potesse scrivere per farmi un po conpagnia
ciao ciao

(Carcere di Cagliari – Buoncammino)

Cagliari 16_06_97
Ciao caro don ettore chi ti scrive è ***** *ti faccio subito sapere che sto abastanza bene sto facendo, i, coloqui con mia sorella ora che mia madre sà che devo andare in comunita mi sta aiutando e io lo aprezzo molto tutto quello che sta facendo per me paolo laudicina non mi à ancora chiamato spero che mi chiama il piu presto, mi mancano 4 mesi a fine pena. però vorrei andare in comunita per provare magari quella è la strada giusta per me una volta fuori da tutto mi cerchero un bel lavoro e poi mi prendo la patente non è una idea buona tu che ne pensi? Salutami tanto i volontari mi sta scrivendo* ***** *e* ***** ***** *che hò gia risposto. una cosa strana che mi chiedo che voglio dirti Come mai lindirizzo e sempre lo IPM_hò la Collina? non vogliono mettere la loro residenza magari per timore, ma di cosa comunque per me è lo stesso solo che a quartucciu non scrivo mai piu hò risposto giusto alla lettera, di* ***** *****, *be ora Caro ettore non mi resta che salutarti ciao*

*****

Saluti ai volontari
Ciao rispondimi *****
PS ettore mi puoi mandare
Qualche bollo_ se puoi

(Carcere di Cagliari – Buoncammino)

Cagliari 21_06_97
Ciao ettore come vanno le cose? per me vanno male qui, la audicina [Laudicina] *non mi chiama è allora ho deciso che quando esco faccio tutto da fuori visto che qui non mi aiutano devo fare cosi. qui le giornate passano io per amazare il tempo gioco ho a carte ho a dama al'aria non vado perche non mi piace caminare nei quartini ettore se tu puoi fare qualcosa per farmi entrare in comunita fallo perche io voglio andare veramente.*
non sapendo piu cosa dirti
ti saluto ciao saluta i Volontari
PS: SCUSAMI MA NON HO BOLLI
ciao
*****
rispondimi presto
ciao

(Carcere di Cagliari – Buoncammino)

Cagliari 3.07.97
Ciao don ettore chi ti scrive e ***** *facendotti sapere che sto bene e lo stesso spero per te e i volontari*
Comunque e gia passato 1 mese e paolo laudicina non mi chiama e vuol dire che non li interessa di me e della mia scelta ettore tu mi ai detto che mi avresti aiutato e io sto ancora asspettando il tuo aiuto. io voglio andare da, vero in comunita ma quando pero io da fuori non ci vado solo da qui e basta mi mancha 3 mesi a

uscire che cosa faccio mollo tutto ho continuo a aspetare nel nulla? scusa per la tassa [mancata affrancatura della lettera] *ma sono inchasinato al massimo non ho niente neanche le sigarette guarda se mi puoi aiutare almeno in questo caso ne hò bisogno la suora non mi chiama. aiutami tu per favore ti*

ringrazio
*ciao ******

(Carcere di Cagliari – Buoncammino)

Cagliari 7 07 97
Ciao don ettore come va? spero bene io me la sto cavando cosi cosi ettore per la comunita non mi anno ancora chiamato laudicina non mi chiama guarda se ci puoi parlare tu al mio posto visto che io non ce la faccio per il semplice motivo che a troppi ragazzi da sentire, penzaci tu OK qui per me le cose vanno benino ettore salutami a [?] *da parte mia e i volontari*

ora ti saluto
ciao a vederci fuori
*ciao ***** RISPONDI*

(Carcere di Cagliari – Buoncammino)

Cagliari Buon Cammino 29_09 97 X ETTORE
Carissimo ettore mi devi veramente scusare per la lettera che ti ho spedito senza il bollo non ho soldi e mi tocha a chiedere a qualquno di qua un bollo e una busta lettera e molte volte non mi possono aiutare perche pure loro hanno i fatti suoi loro ettore io fra poco esco vorrei che tu verresti a casa mia ti invito a pranzo, e ci faciamo una bella chiacherata OKEY. ho ricevuto la tua sempre gradita lettera ma devi sapere che io la tua caligrafia non la capisco molto bene e mela faccio legere da mio fratello comunque non ho piu visto l'avocato e.. non so cosa dirti salutami tanto le

volontarie e dille che sto benissimo e che il 13 OTTOBRE sono fuori ora ti saluto

Ciao a presto

fuori

*****

PS ciao don ettore scrivimi OK

Ciao

Saluta a tutti

delIPM–OK

(Carcere di Cagliari – Buoncammino)

Iglesias- 1_2_98

*Carissimo don ettore buon giorno chi la scrive e ***** facendoti sapere che sto troppo male gli agenti mi anno pichiato e uno tu lo conosci bene. e per di piu mi anno rotto gli ochiali sono veramente disperato e dalla disperazione mi sono tagliato le bracia con una lametta da barba ettore cosa posso fare lavocato non si e fatto piu sentire scrivo per te per darmi un consiglio io da qui voglio andare via ho fatto subito la domanda e ora ne invio un'altra per is arenas sperando che mela accettino Credimi ettore sto veramente male in tutti i sensi si moralmente fisicamente e economicamente proprio distrutto lavoro non mene dano per il rapporto che ho preso per autolesionismo dami tu un consiglio*

Ciao saluta i Volontari

PS: SCRIVI IL + PRESTO Ciao

*****

(Carcere di Iglesias)

Cagliari 10.04.98. VENERDI ore 17:30

*Ciao carissimo don, ettore chi è che scrive e ***** ti faccio sapere che sono nuovamente in carcere per furto ora devo scontare 7 mesi* *ma ci sono in arrivo un mare di processi sia per furto scippi e spacio e riccettazione per non parlare di furto aggravato e estorsione se tutto mi va bene prendo 10 anni e non mene frega niente tanto esco perche ora ho fatto domanda di traduzione per qualche cologna penale e una, volta li. via che mi speso rubbo una machina della cologna ho la va ho la spacca. e non mi importa delle conseguenze. Ti invio i saluti di don franco il capellano di buon camino non sapendo piu cosa dirti ti saluto ciao saluta i ragazzi e gli educatori in particolare enrico zucca*

ciao

(Carcere di Cagliari – Buoncammino)

IGLESIAS. ORE
13.07.98. 18:00

*Ciao caro ettore chi ti scrive e *****, ho ricevuto la tua lettera dove mi dici di fare i colloqui con la signora ***** io li sto gia facendo e devo fare pure i colloqui con i dottori del SERT di Iglesias sto aspetando che vengono li devo parlare della mia situazione in comunitta non vado neanche morto, figurati da vivo, devo prendere la [Toxona?] e cercarmi un lavoro onesto sai in questo periodo sto sofrendo tanto per ***** la mia ex ragazza mi ha lasciato sto male come cane mi sono pure tagliato e le guardie prima che mi tagliavo mi anno pichiato e poi io ho preso una lametta da barba e mi sono tagliatto mi sono fatto 40 tagli nelle bracia non vedo lora di andare via di uscire da qui e spero di non entrarci piu quello dipende solo da me giusto basta non combinare fesserie e nessuno ti cerca.*

ciao ettore ora
ti saluto sperando
di vederci presto
FUORI ciao
*****

(Carcere di Iglesias)

IGLESIAS 8_07_2000
Carissimo ettore con immensa gioia ho ricevuto la tua gradita lettera e come puoi vedere ti rispondo con tanto di piacere facendoti sapere che fisicamente sto bene moralmente no sono sempre triste a laria vado facio due passi e mene rivado in cella qua non so se telanno detto sono finito 3 volte in, isolamento perche mi sono tagliato per 3 volte Sto prendendo gocie per dormire Saluta tutte le volontarie di quartucciu si parla tanto di aministia io sinceramente non ci credo fino a quando mi dicono di prepararmi la roba che devo andare in liberta. Porca miseria dopo che mi sono scontato piu di un anno tutto a B.Cammino dopo 2 mesi mi tornano a arrestare cio una sfiga ho preso 20 mesi piu 8 mesi di revoca di afidamento due processi e sono arrivato a 3 anni ora il 19 e il 20 ho due processi che sicuramente mi condanano ho voluto la bicicletta e ora pedalo cosi dice il detto giusto sono contento che mi fai scrivere da una volontaria cosi ci passo il tempo non mi scrive nessuno Boo secondo me la mia famiglia anche se faccio collocquio sene fregano di me scrivo sempre a casa e non mi rispondono mai mi scrive ogni tanto mio fratello che e a B.Cammino a lui li mancano 4 mesi spero che faccia da bravo il piu scopiato sono io ma tene rendi conto e mi sono pentito pure ho SCIPATO una signora e lo fatta cadere poverina solo a pensarci mi fa male comunque oggi ho fatto colloquio con mia sorellina in casa tutto a posto aparte una madre che si lamenta sempre per le gambe ma io dico glielo anche scritto di andare a farsi curare non mi da retta e io con questo problema sofro tanto penzo sempre a mia madre e penzo anche di metermi una fune al collo e farla finita non ci faccio niente fuori a rubare alla gente che si comprano le cose facendo i sacrifici non ne vale la pena ettore io ho intenzioni di amazarmi ti prego non dire niente a nessuno ora e arrivato il momento di salutarti
*Un abracio ***** ciao*

(Carcere di Iglesias)

Cagliari 7_08_2000

*Ciao carissimo ettore con tanta gioia ho ricevuto la tua gradita lettera come sapevi che mi trovavo qui? Comunque ti faccio sapere che sto abastanza bene ora che sono vicino a casa abito a due passi da qua mi trovo in cella con mio fratello ***** e sto benissimo meglio di iglesias non mi sto piu tagliando perche ho capito che non serve a niente anche se ho capito dopo tanto tanto meglio tardi che mai come dice il detto. Sai ho scritto una lettera a Carlo Gibrioni di S. Sperate non so se lo sai cia una casa dove acoglie tossicodipendenti se mi va bene vado da lui io lo spero per me perche tu come sai sono da minorenne dentro e fuori devo darci un taglio a questa vita di M. caro ettore ora non sapendo piu cosa dirti ti lascio con la penna e mai col cuore ciao ******

PS: ho fatto la domandina x avere
Un colloquio con te ti aspetto

ciao

(Carcere di Cagliari – Buoncammino)

*Ciao carissimo ettore chi ti scrive e ***** ti scrivo dal carcere di Cagliari dove sono recuso da 21 mesi non sto tanto bene moralmente mi sento molto solo daniela non mia piu scritto ma non inporta ettore devi aiutarmi voglio andare in comunita qua gli educatori non mi chiamano da poco ero al carcere di napoli al OPG. e ho tanta paura che mi rimandano perche sono ogni giorno tagliandomi le bracia con la lametta anche se faccio colloquio mi sento sempre solo sto sofrendo tanto se almeno mi metessero a lavorare mi passerebbe il tempo ma il mio comportamento non e dei migliori e percio mi lasciano chiuso in cella ettore saluta hai ragazzi del minorile e dille che la liberta e una cosa bellissima di non fare piu reati seno fanno la mia fine 5 anni dentro due anni al minorile e un paio a Buon Cammino. mi manca tantissimo la mia famiglia i miei nipotini che sono ancora picoli cio solo* *le foto non li vedo da un pezzo poi quando e morto Cristian sto tanto male ero troppo agitato lo volevo tanto bene cio una sua foto che ogni tanto la guardo e mi scendono le lacrime ero troppo amico con Cristian io ho parlato con dei suoi conpagni mianno detto che era piu di 2 ore Bussando e gli agenti non andavano a aprirle la porta lo anno fatto morire loro io ora li odio per questo motivo dio vede e provede spero che i loro figli facino la stessa fine perche e colpa delle guardie Be caro ettore ora ti saluto sperando che almeno tu mi sia vicino – TVB ******

(Carcere di Cagliari – Buoncammino, 20 03 2001)

Cagliari 28_01_2002
*Ciao caro ettore scusami se non tio risposto, non lo potuto fare perche ero isolato 15 giorni di punizione poi finita la punizione mianno trasferito x 2 mesi e mezzo al'O.P.G. di napoli in manicomio ero con ***** *****. il 14.01.02 sono rientrato in carcere a Sassari poi dopo 2 giorni mianno portato a Buoncammino Caro ettore non puoi imaginarti la soferenza che ho dentro di me Sono qua due anni che non vedo mia madre mio padre perche stanno male di salute e faccio i collocqui con mia sorellina mi dice sempre le stesse cose per non farmi preoccupare. il 1 febraio ho un processo per lesioni a luglio ho bisticiato con un pezzo di M. glio rotto la faccia a furia di darle pugni poi con la bomboletta del gas glio messo fuoco il mio avvocato mia deto minimo 5 anni se mi danno 5 anni arrivo a 7. e non so se mi mandano in comunita aparte che gli operatori non mi chiamano ora scrivo alla mia dr-Paola Sanna del Sert di via liguria e la invito a venire qua ora caro ettore ti mando un forte abbraccio e una stretta di mano*

Ciao
*****

*saluta daniela ***** e dille ciao da me*

(Carcere di Cagliari – Buoncammino)

Cagliari 17.04.02 ISOLAMENTO BUONCAMMINO ettore
AIUTAMI

*Ciao caro don ettore con ritardo rispondo alla tua gradita lettera facendoti sapere che nuovamente mi trovo in punizione in cella liscia da una settimana motivo il solito mi sono tagliato per fortuna diò esiste e gli agenti ci sono i bravi come lio trovati oggi e ci sono i cattivi come lio trovati una settimana fa mianno pestato di brutto mianno rotto le stecchette degli occhiali lio agiustati col nastro adesivo Sabato faccio collocquio e faccio scopiare un casino e vedrai che qualche agente di custodia ci perde il lavoro come celo perde il dottore che la notte che mi sono tagliato non mia struturato mia detto a domani mattina, erano le 3:00 della notte ho chiamato al sig apuntato dicendoli non riesco ha dormire li chiede per favore al medico se mi da 10 goccie giusto per l'ansia non melia datte così mi disse l'apuntato. io cretino mi sono tagliato per vedere chi medico era telo giuro ettore ho pensato a quel dottore che era contro di me non so perche e non ci crederai era proprio lui dopo che mi sono tagliato non mia struturato al braccio sinistro ma ben si mia datto 24 goccie e dopo circa 10 minuti il Brigadiere ***** mia portato qua in camera liscia solo perche in un momento di rabbia ho detto a questo dottore li spacco la faccia, e dalle 4:00 del mattino del giorno 9-04-02 sono chiuso in cella liscia sto pregando ogni giorno se mi levano diò non mi vuole ascoltare ci sono dal 9 se il 24 non mi levano giuro su dio che mi tolgo la vita ettore portami in cimitero una rosa. dimenticavo e vero che e morto Zinzula se e si mandami una sua foto ci conto.*
*ettore vorrei dirti due parole T.V.T.B ora vorrei che leggi questa lettera hai ragazzi del IPM. non questa che ho scritto per te un altro foglio. Ti ringrazio aspeto una tua risposta sul caso di Zinzula ciao ******

(Carcere di Cagliari – Buoncammino)

NAPOLI 24-05-02
*Ciao carissimo don ettore qui alla penna e ***** Ti faccio sapere che sto abastanza bene come lo spero tanto per te, ho ricevuto una lettera di un volontario che ho gradito tanto si chiama Paolo Sinceramente non ho capito la sua calligrafia comunque appena mi arriva il vaglia lo scrivo*
Scusami ettore sono al OPG di napoli mianno preso per pazzo solo perche con un lenzuolo mi stavo togliendo la vita. Sai mia scritto Livio Perboni un volontario della comunita emanuel sardegna mi dice che mi prende con lui in comunita io la voglia di cambiare vita celò come tu sai dove devo andare e a lecce li ho molte possibilita mi prendo la patente di guida e tante altre cose meglio di cosi si muore Be caro ettore ora non si piu cosa dirti un forte abbraccio da chi ti vuole bene

Ciao
*****

Saluta ai volontari

(Ospedale psichiatrico giudiziario di Napoli)

No, non accadrà più che i minori ora destinati a passare il resto della vita in carcere, o sbattuti in un manicomio criminale a causa di un sistema penitenziario incapace di rieducarli, non abbiano almeno una possibilità: quella di espiare la pena in una prigione che, a fine pena, li riammetta a una vita sociale piena e serena, responsabile, come membri effettivi della comunità che hanno offeso con il loro comportamento.

Resta da sciogliere un nodo cruciale: come conciliare la necessità di isolare i ragazzi, almeno in una fase iniziale, per consentir loro di metabolizzare gli errori commessi prima di una graduale reintroduzione nella collettività, evitando la segregazione? Come mediare questa necessità con quella della bellezza, della serenità, dell'ascolto e della cultura? E dell'incontro?

La soluzione è atipica, scaturita dalla mente di un sacerdote atipico che ha vissuto sulla propria pelle le contraddizioni delle proprie scelte giovanili, esattamente come i ragazzi di cui è diventato cappellano e forse per questo li capisce così bene: i detenuti accolti nella nuova prigione, perché di una nuova prigione alternativa c'è bisogno. Si terranno segregati da soli, senza bisogno di sbarre, avendo un piccolo aiuto, privo di costrizioni, da parte dei loro educatori. Che condivideranno con loro il percorso. Sarà difficile, arduo e in salita.

Anche perché ci sarà da raggiungere la sommità di una Collina.

La prigione di fronte al tramonto

La Collina è una fregatura. Una fregatura bella e buona. Però, per capirlo, bisogna essere passati prima per una cella, un universo chiuso e isolato che circoscrive la vita del detenuto.

Chi non possiede, beato lui, questa triste esperienza, non può capire la sensazione di libertà che si prova giungendo al cancello della proprietà e notando che basta agire sull'interruttore di apertura per farlo spalancare. Si arriva in auto, si apre il finestrino, si allunga il braccio verso la colonnina: un leggero tocco ed ecco che l'aggeggio di ferro, pitturato in un verde oliva intonato con gli alberi all'interno, scorre dolcemente sulle guide. Si schiude e resta in attesa; senza guardie, guardiani, recinzioni, sistemi di allarme, chiavi, chiavistelli, catene. Si apre e basta. Poi aspetta un po' e si richiude da sé, lasciando che le persone passino liberamente; in un senso, per entrare, o nell'altro, per uscire. Senza controlli.

Per chi provenga da una prigione, il luogo in cui vige il sistema della doppia porta, secondo il quale il detenuto non può mai essere confinato in un ambiente aperto verso l'esterno, quindi se transita attraverso una porta più oltre ce ne dev'essere un'altra chiusa e sorvegliata, la possibilità di aprire un varco senza chiavi può significare una sola cosa: libertà. Libertà di entrare e uscire come meglio aggrada.

Per questo La Collina è un inganno, perché finge di donare la più completa autonomia di movimento e di azione, mentre, al contrario, è una prigione assai più raffinata delle becere case circondariali, così cupe e infarcite di ferro.

In galera, il detenuto è un prigioniero tenuto dentro dalle sbarre. Non ha la responsabilità personale di restare dove si trova, non è lui che decide. Ha la possibilità di tentare l'evasione, ma le percentuali di coloro che ci riescono avendolo deciso, mostra quanto sia velleitario: in un penitenziario la fuga è statisticamente impossibile, come vincere alla lotteria di Capodanno. Si viene piegati a restare dove ci si trova, senza responsabilità.

In realtà, che un percorso riabilitativo comprenda la presa in carico della pena, nel senso del riconoscimento della necessità di restare reclusi, il sistema carcerario lo riconosce. Infatti, passati i tempi prescritti di permanenza in cella e valutato l'atteggiamento del recluso, vengono concessi i cosiddetti permessi premio, brevi periodi di permanenza extramuraria, richiedendo al detenuto di tornare in cella da solo, evitando di fuggire. Una prova di maturità e propensione alla rieducazione. Se l'esito è positivo, si valutano le possibilità di concessione di provvedimenti alternativi più ampi, come la semilibertà, gli arresti domiciliari o l'affidamento in prova.

Quindi i carcerati più navigati, più esperti, non si faranno ingannare a lungo, ma l'impressione suscitata dal cancello che si apre senza chiavi sarà indubbiamente proprio questa: di grande libertà.

Subito dopo, gli stessi scafati detenuti di lungo corso chiederanno: dov'è il trucco? Perché sanno bene che gli sconti sono rari in tema di libertà e, se paiono esserci, c'è sempre un rovescio della medaglia. Come avviene agli arresti domiciliari, che inebriano per la presunta emancipazione e riconducono spesso in carcere per diseducazione di chi è ammesso al beneficio. Bisogna capire che i provvedimenti alternativi al carcere non assicurano la libertà bensì un carcere diverso.

La Collina non fa eccezione.

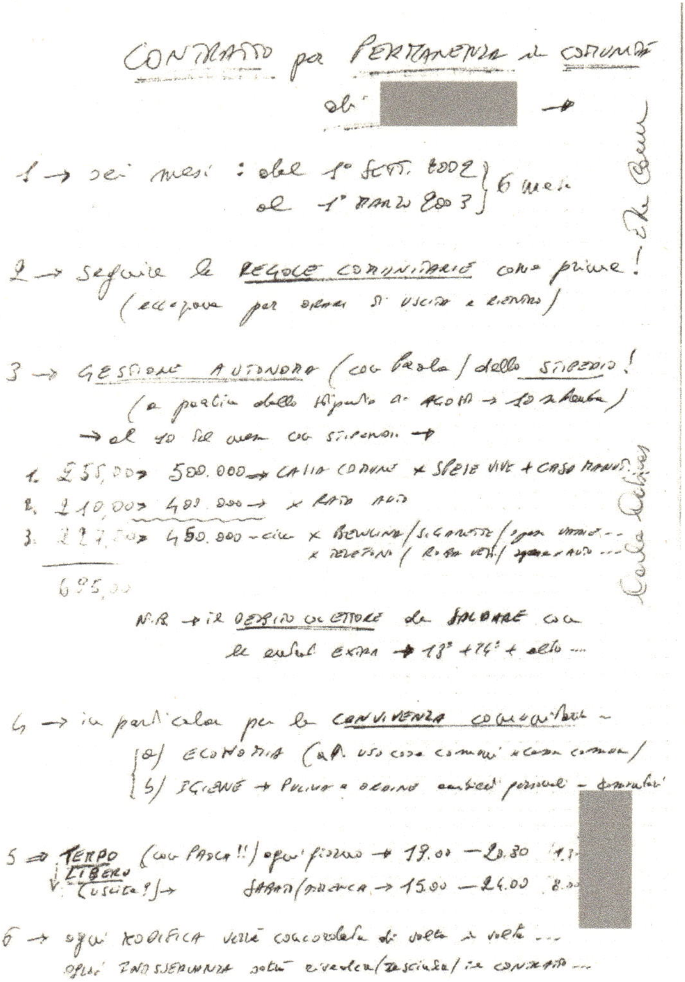

CONTRATTO per PERMANENZA in COMUNITÀ
di [redacted] →

1 → sei mesi: dal 1° sett. 2002
al 1° marzo 2003 } 6 mesi

2 → seguire le REGOLE COMUNITARIE come prima!
(eccezione per orari di uscita e rientro)

3 → GESTIONE AUTONOMA (con Paola) dello STIPENDIO!
(a partire dallo stipendio di agosto → 10 settembre)
→ al 10 del mese con stipendio →
1. 255,00 → 500.000 → cassa comune × spese vive + casa mamma
2. 210,00 → 400.000 → × rata auto
3. 227,50 → 450.000 – circa × benzina/sigarette/ogni tanto...
× telefono / roba vest. / spese auto ...
695,00

N.B. → il debito col Ettore da saldare con le entrate extra → 13ª + 14ª + altro ...

4 → in particolare per la CONVIVENZA comunitaria –
a) ECONOMIA (cfr. uso cose comuni e casa comune)
b) IGIENE → pulizia e ordine ambienti personali – comunitari

5 ⇒ TEMPO LIBERO (uscita?) → (con Paola!!) ogni giorno → 19.00 – 20.30 1.3 [redacted]
sabato/domenica → 15.00 – 24.00 8. [redacted]

6 → ogni modifica verrà concordata di volta in volta ...
ogni inosservanza potrà rivedere/rescindere il contratto ...

CONTRATTO per PERMANENZA in COMUNITÀ
*di ******

1 → sei mesi: dal 1° SETT 2002
al 1° MARZO 2003
2 → seguire le REGOLE COMUNITARIE come prima!
(eccezione orari di uscita e rientro)
3 → GESTIONE AUTONOMA (con Paola/dello STIPENDIO!)
(a partire dallo stipendio di AGOSTO → 10 settembre)
1. 255,00 → 500,00 → CASSA COMUNE + SPESE VIVE + CASO MANUT.
2. 210,00 → 400,00 → x RATA AUTO
3. 230,00 → 450,00 – circa x BENZINA/SIGARETTE/
695,00 spese VARIE x TELEFONO/ROBA VEST./spese x AUTO
N.B. → il DEBITO con ETTORE da SALDARE con le entrate EXTRA → 13° + 14° + altro
4 → in particolare per la CONVIVENZA comunitaria
a) ECONOMIA (att. uso cose comuni + cassa comune)
b) IGIENE → pulizia + ordine ambienti personali – comunitari
5 → TEMPO (con PAOLA!!) ogni giorno → 19.00 – 20.00
LIBERO (uscita?) SABATO (DOMENICA) → 15.00 – 24.00
6 → ogni MODIFICA verrà concordata di volta in volta
ogni INOSSERVANZA potrà rivedere (rescindere) il contratto

Ettore Cannavera
Carla Cabies
*****

Perché richiedere a un detenuto, al quale è data la possibilità di uscire dalla prigione, di firmare un contratto in cui dichiari null'altro che di comportarsi da persona civile nel senso in cui lo intendiamo di solito? In fondo lo stanno tirando fuori da un postaccio, dove vive dietro le sbarre; deve ubbidire senza fiatare a ciò che gli viene ordinato, di norma senza alcuna spiegazione; non può permettersi alcuna deroga se non a prezzo di un peggioramento delle proprie condizioni di detenzione.

Non sarebbe sufficiente questo, per assicurare che, avendo in cambio la possibilità di lasciare celle, sbarre, orripilanti cortili per l'aria, cibo cotto su un fornelletto da campeggio (se ha il denaro) o la sbobba carceraria, sarà ben felice di osservare un disciplinare apparentemente così semplice? Perché un accordo formale con tanto di firma?

È il 1994 e don Ettore è deciso a superare l'esperienza di Kadossène. Non è certo stata negativa, ma non basta; mancano infatti alcuni tasselli fondamentali per la rieducazione, aspetti che ha tratto dalla frequentazione assidua del carcere minorile in qualità di cappellano. Primo fra tutti, il lavoro.

Il contatto diretto con la realtà degradata delle periferie, con le famiglie dei ragazzi detenuti, così problematiche, lo convince della necessità di un percorso rieducativo molto più complesso di quello possibile in una comunità di semplice accoglienza. C'è da ricostruire dall'inizio personalità abituate all'assenza delle regole comunemente accettate dalla collettività. I ragazzi incarcerati per i reati commessi, anche gravissimi, non sono cattivi. Non esistono i cattivi, esistono le circostanze che rendono possibile diventarlo: la mancanza di educazione o, peggio, un'educazione alla devianza, come accade per quanti hanno uno o entrambi i genitori in carcere, oppure impegnati in una vita di crimine, alcolismo e droga.

Le biografie dei minori e giovani adulti associati al minorile parlano molto chiaro: in galera c'è finito il disagio delle periferie, delle famiglie problematiche, dei genitori che trasmettono ai figli i propri problemi. Ci sono i figli di madri prostitute e drogate; di padri violenti e alcolisti; di spacciatori; di carcerati condannati a pene talmente lunghe che non avranno mai la possibilità di incidere sull'educazione dei figli, se non in negativo con la propria assenza.

Ragazzi abituati alle regole della strada: come potrebbero essere diversi da ciò che sono? Come potrebbero evitare di rubare, lasciarsi andare alla violenza, drogarsi, spacciare, rapinare, se è questo che gli è stato insegnato? E come fare a convincerli, non a obbligarli (non serve a nulla), che una vita diversa è possibile? Una vita in cui si guadagna il pane faticando e non rubandolo agli altri?

La risposta non è la costrizione: bisogna persuaderli, invece, dimostrando nei fatti e con l'esempio che una vita come quella di tutti può essere sì, difficile e faticosa, ma mai come la disgrazia di un'esistenza passata in galera, la morte vivente. Quindi c'è la necessità di farli vivere nel luogo opportuno, all'inizio defilati rispetto all'ambiente che li ha resi problematici, per consentire loro di riflettere e, soprattutto, sottrarli all'aspetto maggiormente diseducativo del carcere. Bisogna evitar loro l'assistenzialismo, l'essere mantenuti senza nulla in cambio, senza il contributo del proprio lavoro. Ci sarà poi il tempo dell'integrazione graduale quando avranno acquisito gli strumenti per interpretare correntemente la realtà, evitando di ricadere nei comportamenti pregressi e conducendo, si spera, un'esistenza dignitosa all'interno della collettività.

Don Ettore dispone del proprio vissuto, della propria esperienza. È una persona nata e formata in una piccola realtà paesana che vive di agricoltura, di fatica quotidiana, di contatto con la terra; questo è ciò che sente e può proporre.

Suo padre non c'è più, ne ha officiato il funerale in occasione della scomparsa e nell'asse ereditario è rimasto un terreno poco fuori Serdiana ancora da dividere tra i fratelli:

una collina coperta di vecchie viti ormai improduttive. Un luogo brullo, del tutto privo d'alberi; manca il fruscio coinvolgente dei rami scossi dal vento. Un posto brutto che potrebbe diventare splendido se ne avesse l'opportunità, come la vita dei ragazzi che vorrebbe portare fuori dal dramma del carcere. Un tardo pomeriggio, in cerca di riflessione e ascolto di sé – abitudine mai trascurata – si reca sulla sommità del poggio e osserva il tramonto del sole, il diffondersi lento dell'oscurità. Nella penombra che confonde il paesaggio lo immagina diverso, vivo e vitale, coperto d'alberi, curato dal lavoro dei giovani che strapperà alla galera.

Questa è la narrazione di don Ettore e non si vede alcun motivo per non credere che sia davvero accaduto, che la convinzione profonda, la visione di un futuro possibile, sia maturata in questi termini: durante un tramonto particolarmente coinvolgente. Anche la poesia può essere utile a una causa. E la teoria del caos insegna che piccoli avvenimenti possono indurre enormi cambiamenti della realtà.

Tuttavia le idee, le visioni, anche le più sublimi, necessitano di pragmatismo (e anche tanto) per diventare prassi, per incidere sulla realtà. Che sarebbe poi la prima lezione, o una delle prime, che la Comunità La Collina impartisce ai propri ospiti: che per mangiare c'è da lavorare, non da sognare oziando in branda di fronte a una televisione. E per tramutare in azione la bellezza del tramonto c'è da agire con attenta concretezza, predisponendo condizioni e risorse, persone e denaro.

L'accordo con i fratelli è scontato. Sono abituati a seguirlo nelle sue iniziative e ne hanno stima profonda, ma non perché predica bene: è uno che razzola parecchio, invece. Un lavoratore come tutti, in famiglia: lo si aiuta volentieri. L'appezzamento di terreno diverrà la sede della Comunità.

E trascurando per un attimo l'agiografia, è bene riflettere sulla sostanza del mito di fondazione della Collina, che vede la luce, ufficialmente, nel settembre del 1994 con la costituzione dell'organizzazione di volontariato Cooperazione e confronto e della cooperativa La Collina, i due pilastri dell'azione concreta, quotidiana, sulla strada della rieducazione dei detenuti giovani adulti. Vale a dire quelli che, compiuto il diciottesimo anno d'età e non più anziani di ventiquattro, devono scontare una pena per un reato commesso da minori.

Al primo punto la collocazione fisica della struttura, che nascerà gradualmente e in mezzo alle difficoltà, come si vedrà in seguito. È ubicata alla periferia di un piccolo e attivo centro agricolo (sede di una delle aziende vinicole più note della Sardegna). La località è tutt'altro che isolata, con una camminata di una mezz'ora si raggiunge agevolmente il centro del paese, in macchina bastano pochi minuti. Però quella camminata, la breve distanza, segna la cesura tra il luogo in cui ci si rieduca e l'ambiente circostante. Non basta uscire di casa per ritrovare la strada e le problematiche a essa associate, quelle che hanno portato a delinquere; bisogna raggiungerla, nel caso, con un atto cosciente di volontà.

E prima della strada – cioè la città poco distante, ma da avvicinare con un altro atto di volontà, non è lì pronta – c'è il paesetto, con il suo controllo sociale tipico dei piccoli centri in cui tutti conoscono e controllano tutti; magari sede di feroci pettegolezzi, ma non per questo meno efficace. In sintesi, un buono stratagemma per suggerire al ragazzo la valutazione preventiva dei propri atti, una lunga riflessione prima di qualche colpo di testa. Per insegnargli ciò che probabilmente non possiede: l'autocontrollo. Quello che in carcere non occorre e non si impara, perché c'è la paura o il menefreghismo. Se in galera si controlla la rabbia, si sviluppano sentimenti di rivalsa, in questo modo, al contrario, la si elimina, si asseconda la consapevolezza. Ci sarà poi tempo, durante il percorso, per accedere gradualmente alla fruizione dell'esterno, previa verifica.

C'è poi il lavoro. In carcere non esiste e quando lo si finge è privo di attrattive, diseducativo, malpagato. Il mestiere dello scopino, se anche lo si battezza pomposamente «addetto alle pulizie», è una farsa buona per le statistiche da ammannire a quanti non sanno cosa sia la statistica, vezzo assai diffuso nel paese. Nel caso del carcere minorile, poi, il lavoro non è previsto. Un minorenne che compisse un delitto grave, con la conseguenza di una lunga reclusione da scontare anche in una casa circondariale, una volta raggiunta l'età prescritta correrebbe il rischio di una pena largamente priva di lavoro, ovvero del tutto assistenziale, da passare sulle spalle dei contribuenti e dei famigliari (se questi possono e scelgono di aiutare).

Gran parte delle detenzioni si conclude così, senza alcuna esperienza lavorativa; senza la presa di coscienza e l'accettazione del complesso rapporto tra vita e lavoro. Che non è facile né agevole, ma deve esistere ed esiste, come dimostrato dal fatto che la maggior parte delle persone non sceglie di delinquere ma di operare qualunque sforzo pur di guadagnarsi onestamente da vivere.

Quindi i ragazzi che seguano un percorso rieducativo devono praticare un mestiere, percepire uno stipendio e imparare la gestione del denaro: del *proprio* denaro. Entrare in Comunità significa aderire a una cooperativa che svolge lavori agricoli e percepire per questo un corrispettivo in denaro. Il salario deve servire per il proprio mantenimento, per le spese comuni e infine per sé, per il necessario, così che si comprenda appieno il senso del lavoro.

Non è uno Stato assistenziale che riempie il piatto, anche se malamente: è lo stesso detenuto che si paga il mantenimento. Senza eccezioni salvo l'handicap.

Ciò non significa sollevare lo Stato, la collettività, dalle proprie responsabilità. Se il mantenimento è compito di ciascuno, non così la rieducazione. A questa deve contribuire la società, per almeno due ottimi motivi: il primo, che in tal modo dimostra fattivamente l'importanza collettiva del recupero e lo comunica a chi dev'essere rieducato; certifica che ciascun cittadino (anche un detenuto lo è, con tutti i diritti che gli spettano) è importante per tutti gli altri. Il secondo, che la collettività deve accollarsi le proprie responsabilità, riconoscendo i propri sbagli nei confronti di quanti non sono stati educati: se un ragazzo ruba la prima macchina a tredici anni e a venticinque è in galera per rapina, qualcosa nel suo processo educativo non ha funzionato e la società deve farsene carico. Senza sconti, la pena dev'essere espiata. Ma le responsabilità bisogna sapersele assumere, anche quelle collettive: l'educazione è un diritto per tutti.

Prima di proseguire, è bene sottolineare fin da ora la piccola rivoluzione copernicana rappresentata nel contratto che abbiamo pubblicato prima. A firmarlo è un giovane adulto, resosi colpevole di un delitto grave, che troverà la propria strada in Comunità e in seguito, scontata definitivamente la pena, con una vita piena e recuperata, avrà il problema di spiegare sé stesso al figlio. Felice di farlo perché sarà profondamente diverso da ciò che il padre ha mostrato a lui.

I punti dettagliati nell'accordo sottoscritto, apparentemente banali, rappresentano quanto di più arduo per una persona proveniente da un ambiente degradato. Senza arrivare agli eccessi del crimine organizzato, si rifletta sulla possibilità di scelta di un ragazzo di periferia (in senso culturale, non fisico) che si trovi di fronte una doppia opzione: guadagnare 600 euro al mese lavorando dieci ore al giorno (se anche lo trova, il lavoro) o in alternativa spacciare qualche ora, la notte, e trovarsene in tasca 6000. Oppure compiere una rapina: pochi minuti e le saccocce si riempiono di soldi; e quando finiscono ne verrà un'altra, tanto le occasioni non mancano.

Se l'ambiente nel quale è inserito gli insegna lo spaccio e la rapina, in realtà non avrà dubbi. Sarà abituato al concetto che i soldi si vanno a prendere dove stanno ed è facile farli. Se non spaccio o rapina, allora sarà furto, estorsione, ricettazione. Quindi violenza, sopraffazione, assenza di rispetto per il vivere collettivo. E se finendo in carcere non percepisce la differenza tra i 600 e i 6000, penserà che la galera sia la punizione per essersi fatto agguantare, non per aver operato la scelta dei 6000 sbagliati al posto dei 600 giusti.

Dall'opportunità di riflessione e lavoro che viene fornita discende per logica il rispetto nei confronti delle persone con cui si condivide l'esistenza: compagni di prigionia e educatori. Tutti appiattiti su un piano di parità che comprende la condivisione delle stesse regole. Non c'è un educatore che spiega, ma può fare ciò che gli aggrada, e un educato che ascolta, obbligato a seguire le regole: entrambi fanno le stesse cose, si comportano nella stessa maniera, sono dipendenti della stessa cooperativa, compagni di lavoro e di vita. Anche l'educatore versa alla cassa comune parte del proprio stipendio per ciò che mangia, come gli altri. Perché dev'essere chiaro che i diritti non sono appannaggio di chi ha forza maggiore ma di tutti. E che i doveri rispettano la stessa regola: non ci sono eccezioni. La gerarchia, necessaria per l'indirizzo del percorso rieducativo, scaturisce dall'accettazione del ruolo dell'educato, quando riconosce la maggiore competenza dell'educatore e osserva il suo comportamento: soprattutto una questione di esempio.

Comprendere la difficoltà che un giovane problematico sperimenta davanti all'accoglimento dell'accordo non è agevole. La corrente vita di relazione che conduce la maggior parte dei cittadini rende difficile convincersi dell'esistenza di consuetudini e codici di comportamento così fisicamente vicini alla realtà quotidiana, eppure così distanti dalla pratica dell'esistenza di ogni giorno. Si fatica a comprendere come possa esistere la consuetudine di vivere di espedienti illegali non tanto, o non solo, per possibilità di scelta, quanto perché di fatto non se ne conoscono altri. Un ragazzo abituato alla vita di strada, in cui i diritti e i denari stanno dalla parte di chi ha la forza bruta o l'astuzia per procurarseli, uno che abbia sempre praticato questo codice di comportamento, troverà impossibile aderire a quanto prescritto: è al di fuori della sua immaginazione. Ne avrà sentito parlare, ci sarà stato chi ha provato, magari stancamente e con disincanto a insegnarglieli, ma non ne avrà l'abitudine.

È il contrappunto della vita carceraria, altrettanto difficile da ipotizzare per chi non l'abbia praticata. Il comportamento descritto nel contratto è l'esatto opposto di quello attuato in carcere. Il motivo principale del suo fallimento, perché riflette il codice di chi delinque.

Del resto, gli altri contraenti non sono personaggi ingenui convinti della bontà del mondo, illusi. Sono educatori esperti, conoscono bene lo stato esistenziale di quanti si sono impegnati ad aiutare. Non stanno assecondando dei bravi ragazzi a ritrovare una strada momentaneamente perduta. Nella maggior parte dei casi non c'è mai stata una strada e loro cercano di dare una possibilità, la prima, a chi non ne ha mai avuta una.

Non pensano certo che il percorso sia agevole e basti una promessa, anche se fissata su un pezzo di carta. Ma è un modo per ritrovarsi tutti e tre (tre sono le firme sul contratto: quella del detenuto, di don Ettore e della sua vice, Carla Cabras, ovvero le due anime della Comunità), guardarsi in faccia e dirsi l'un l'altro che è difficile e lo sanno tutti. Il ragazzo è problematico, ha sulle spalle un peso tremendo e una vita pregressa che l'ha reso una persona la cui unica chance è il cambiamento. Bisogna dirselo negli occhi, rimarcarlo in continuazione. E infatti all'inizio abitualmente sarà tutt'altro che facile, perché ci vuole davvero perseveranza per tenersi in gabbia da soli quando la gabbia non c'è e si è abituati a farsi i fatti propri. Equivale a rifiutare giorno per giorno, ora per ora, tutto ciò che si è sempre fatto, di cui si è sempre stati convinti. E il contratto verrà esibito più volte, ricordato, per sottolineare l'impegno sottoscritto.

Nel bel romanzo breve di Massimo Carlotto, *Jimmy della Collina*,* dedicato alla Comunità, è emblematica la scena del giovane protagonista che, al suo arrivo, viene edotto delle regole vigenti: «Sembra la prigione» sbotta. E il ragazzo che l'ha informato, un ospite come lui ma con maggiore anzianità, lo guarda storto. Il senso della narrazione vorrebbe negare che la Comunità possa essere assimilata a un carcere; vorrebbe far capire che sia tutt'altro. Tuttavia, senza scadere in critiche ingenerose perché il romanzo è davvero bello e coinvolgente – e considerando

* Massimo Carlotto, *Jimmy della Collina*, Edizioni EL, Dorigo della Valle 2011.

che l'autore ha passato lunghi anni in prigione, dunque sa bene cosa sia – non si può fare a meno di considerare che forse ci sia un rifiuto troppo frettoloso della frase del nuovo arrivato, che sperimenta per la prima volta il rigore delle regole e paventa la possibilità di essere caduto da una galera a un'altra. Il che non è poi così sbagliato: La Collina, in realtà, è un carcere diverso da quello da cui proviene, ma pur sempre un carcere; e i detenuti che ci restano, pur felici della differenza, sanno bene di non essere liberi. E, soprattutto, non è più facile di quello da cui provengono. Per certi versi, come si è visto, è sottilmente più arduo. Né è adatto a tutti; non a caso, il disciplinare di accettazione di ogni nuovo candidato prevede un approccio graduale, prove ripetute durante i permessi premio, il cui esito positivo indichi con buona sicurezza una reale intenzione di dedicarsi con convinzione al recupero. Quindi un periodo di prova e infine l'inizio vero e proprio del percorso, la metaforica firma del contratto. Da questa bizzarra prigione non è facile uscire: è difficile entrarci!

5/10/09

Salve Don Ettore

Prima di tutto, come sta? Spero bene. io tutto somato bene in senso della parola) poi lei sa anche se non e mai stato) come e in posti del genere ma va be. comunque li posso dire che ho ricevuto la sua lettera ed mi ha fato molto piaccere, in seguito tenga a fargli sapere che non si deve giustificare con me io so purtroppo bene come svolge lei le giornate ed imagino adesso che e aperta anche la collina 3 come puo essere dificoltosso

Don Ettore che altro potrei dirgli mi fa veramente piaccere che ci pensate a me vi fa onore, xo il fato che gli educatori vorebbero avermi x qualche giorno li non e proprio possibbile chi me ne da a me permesso non esiste proprio, e se devo essere sincero con tutto *quelo che sto passando e ho passato il fato di essere messo alla prova e fuori luogo spero che lei capisce che non ho più le forze x certe cose non so come dirgli sono passati quasi nove messi da quando sono qui, e anche se non e chi sa chi li assiccuro che per me e tantissimo se prima prendevo tutto o quasi con tranquillita adesso non piu questa esperienza mi ha aperto veramente gli occhi e la mente sto valutando ogni minimo particolare del pensiero della giornata, e arivo in conclusione ad essere certo al cento per cento che in verità io non ho piu bisognio della comunita o meglio dire di educatori, cerco di spiegarmi anche se non gli sembrera tutto quelo che la comunita poteva offrirmi io l'ho apresso ogni piccola grande cosa, ed xke voglio essere sincero della comunita se avrei altre oportunita altre scelte ne farei al meno tutto xke mi sento pronto x afrontare la realta la vita ma si come non ho un inizio questa cosa non la posso fare ce in poche parole avrei bisogno di una casa e un lavoro e tutto cio che mi serve per poter salire le scale. Li spiego se io vengo in comunita cio che non e deto, ma supongo il mio comportamento non sara mai come cuelo che sono io realmente x ogni cosa non avrei liberta di scelta quindi faro di novo ogni cosa che l educatore sugerisce faro sempre le stesse cose anche se le ho imparato a memoria in poche parole rimango sempre su le stesse scale invece io ho voglia di crescere di prendermi tutte le responsabilita x ogni cosa, quindi non voglio fare il falso e dire Don Ettore guardi io sono un santo faro il angelo tutto per poter venire li altri al posto mio sicuramente avrebe fato cosi. ma io gli sto chiedendo tutta un'altra cosa io x uscire fuori da tutti i casini come punto di riferimento e come persona voglio avere lei non voglio avere a che fare con educatori a collina 2 xke non faremo un bel niente, quindi Don Ettore lei deve essere sincero con me come sono io con lei Se veramente mi vole aiutare lo potrebbe fare accogliendomi in collina 1 come era *****. Voglio parlare con lei da persona a persona voglio fare ogni cosa con un suo consiglio (poi certamente come persona sono sempre io quelo a decidere, che e di giusto/o sbagliato.) Don Ettore mi scuso tanto con lei se tramite*

questa lettera non sono riuscito a spiegarmi bene non vorei che i educatori pensassero che ciò qualcossa con lorro xke non e cosi e manco non li voglio mettere da parte. tutto ciò che voglio dire e dimostrare che sono grande abbastanza ed ho una certa esperienza alle spale. in questo momento mi trovo con le spale al angolo ed x uscirne ho bisogno di una persona come lei, ad uscirne x sempre, tutto qui. Non mi rimane altro che trasmettere tutti miei sinceri saluti a lei ai Educatori e tutti i ragazzi un abbraccio fortissimo
Spero tanto di non aver scritto qualcosa di sbagliato a presto saluto tutti i amici che frequentano la comunita ed aspeto ancora una [?] *lettera* [?]

(Colonia penale di Nuoro – Mamone)

Una lettera amara, un ragazzo che ha avuto un'opportunità e l'ha sprecata, non capendo il senso di quanto gli veniva proposto: si è espulso dalla Comunità che l'aveva accolto – La Collina non espelle nessuno, sono coloro che rifiutano il percorso ad autoescludersi – e ha commesso un altro reato, per il quale si trova in carcere.

Chiede di nuovo aiuto. Don Ettore non glielo nega: è un giovane immigrato che nel corso della vita ha conosciuto un solo codice di comportamento, quello della strada. Il sacerdote lo sa, come lui ne ha visti a dozzine, ne vede tutti i giorni, conosce bene la difficoltà, per lui, di cambiare. Quindi lo rincuora e lo invita a riprendere da capo, dalle visite in permesso premio, quando la legge lo consentirà, per le prime valutazioni degli educatori. La prassi, come se il pregresso non esistesse. Si tratta, semplicemente, di siglare il contratto e riprovarci.

I contorcimenti logici messi in campo dal poverino per rifiutare l'accordo sono penosi ma anche emblematici. In ciò che dice non c'è finzione, non sta cercando espedienti per ottenere uno sconto e velocizzare il percorso di recupero tornando libero: è davvero convinto di ciò che scrive, di essere sufficientemente maturo per far da sé. Che gli serve in fondo? Un lavoro e una casa, poi tutto filerà liscio: ciò che gli educatori potrebbero insegnargli lo sa già, se ricominciasse da capo rimarrebbe fermo, mentre si sente pronto per salire le scale.

Gli argomenti del ragazzo sono la risposta alla domanda ingenua posta quando si è letto il contratto: perché far firmare un documento così banale? Lo stanno tirando fuori dal carcere, perché non dovrebbe rispettare accordi così semplici?

Perché non ha gli strumenti per capire ciò che gli viene proposto; molto semplicemente, non lo sa. Mentre il carcere, per quanto duro possa essere, lo capisce benissimo, lo interpreta alla luce del proprio vissuto e vi si adatta, parla già la stessa lingua. Preferisce la prigione alla Comunità. Argomenterà che mancando poco al fine pena, e ritenendo inutile una permanenza in Comunità alle condizioni proposte (tanto sa già tutto), preferisce una comoda cella. E continuerà a rimproverare velatamente don Ettore che rifiuta di aiutarlo, anche se potrebbe. Si convincerà che siano gli educatori, offesi con lui per il tradimento della fiducia accordata, che intendono impartirgli una lezione che non si sente di accettare.

Il suo caso è tutt'altro che residuale. Le prigioni pullulano di detenuti convinti di essere finiti in carcere per uno sfortunato accidente, ma non succederà ancora perché uscendo faranno il colpo della vita e si sistemeranno per sempre: perché hanno capito tutto. Poi escono, non hanno soldi e rapinano una coppietta che amoreggia in macchina; ma non per cattiveria, sia chiaro, per necessità. Che dovrebbero fare se non hanno soldi per tirare avanti?

Altri anni di carcere.

C'è da procedere nel percorso storico della Comunità, per aggiungere, infine, al cuore del suo senso educativo: abitudine alla legalità di ogni giorno e lavoro, rispetto e condivisione, senso di comunità. E al contorno altrettanto importante: la bellezza, la cultura, l'apertura, l'ascolto.

Nel 1994, all'inizio, non ci sono soldi. C'è un terreno brullo e improduttivo e c'è un sogno. Ma anche una persona dotata di spirito imprenditoriale e rara testardaggine. E c'è un'urgenza: un giovane, colpevole di un gravissimo reato, rischia di finire nel carcere per adulti, pur nella convinzione da parte dei magistrati che un carcere diverso potrebbe essere una soluzione migliore per tutti: per il reo, cui si vorrebbe riconoscere un'opportunità, e per la collettività, che riavrebbe indietro, a fine pena, una persona da riaccogliere nel proprio alveo.

Don Ettore ricorre a un altro degli assi portanti della Comunità: i volontari. La famiglia di una sostenitrice, con un atto di coraggio e convinzione, cede in prestito la propria casa di campagna all'impresa che il prete porta avanti, in attesa che si trovi modo di realizzare una struttura stabile nel terreno di Serdiana. È una vecchia cascina da riattare, priva di servizi ma con caratteristiche non dissimili da quelle immaginate per quanto si intende costruire ex novo. E il nuovo progetto parte così, con un azzardo, un atto di coraggio, la buona volontà e una montagna di testardaggine. Arriva il primo ospite, un secondo, il terzo.

Sono anni frenetici, come sempre, perché alle attività precedenti don Ettore somma l'edificazione della prima struttura, La Collina 1, concepita come un casolare di campagna di tipo famigliare, secondo il filone educativo che prevede l'accoglimento dei ragazzi provenienti dal carcere in un ambiente ristretto, caratterizzato da un piccolo nucleo di persone legate da interessi e obiettivi comuni:

coesistenza, condivisione, mutuo sostegno. Si insegnerà il senso della collettività praticando la vita in comune.

Alla Collina 1 si sperimenta la vita comunitaria di lavoro: il levarsi presto al mattino dopo essersi ritirati presto la sera precedente. In completa antitesi con l'esistenza sregolata di prima e anche con il carcere, dove non ci sono orari e impegni, mancano le responsabilità. Ciascuno si dedica al lavoro quotidiano che non lascia spazio all'ozio, come nelle famiglie, come in quella di don Ettore quando era un ragazzino, la famiglia che lo ha fatto diventare ciò che è. Conclusa la giornata di lavoro, ci sono le faccende domestiche, la cucina, gli impegni personali. Il tempo non basta mai.

La dimensione della comunità a diretto contatto con i reclusi è di fondamentale importanza. C'è la convinzione che, per seguire un percorso di recupero basato sulla condivisione e l'esempio, si debba operare con gruppi di piccole dimensioni, al massimo quattro/sei ospiti, a seconda della problematicità dei casi. Il pasto, poi, ha un carico simbolico importantissimo, perché è il cibo guadagnato con il proprio lavoro. Il solo ritrovarsi insieme alla cena serale per riassumere la giornata, esprimersi e condividere le piccole problematiche quotidiane, richiede un numero limitato di commensali, in caso contrario si perde il contatto profondo che diventa chiacchiericcio. Dev'essere chiaro, agli educatori e agli educati, che la Comunità opera per lo scopo preciso di fornire un'opportunità agli ospiti, non un salario agli operatori. La cena non è la frequentazione frettolosa di un self service per nutrirsi, ma l'occasione di abituarsi a uno stile di vita nuovo in cui è il lavoro che nutre e la parola che eleva, da cui la necessità di non sprecare cibo e occasioni di confronto. Si fa palese il raffronto con quanto si sperimenta in carcere, dove il cibo finisce per essere espressione di privilegio e la parola resta inespressa, tanto nessuno ascolta. E gli agenti di polizia penitenziaria, teoricamente coinvolti nella rieducazione, vengono percepiti come nemici.

E i soldi?

I primi quattro anni non ce ne sono. Don Ettore chiede sostegno a sedici persone di buona volontà: ciascuno di essi, non conoscendo gli altri e convinto di essere l'unico, copre una parte di un debito per la costruzione del primo stabile, successivamente denominato Collina 1. Per il resto, ci sono i volontari e c'è lo stipendio del prete, che continua a lavorare come e più di prima, insegnando alle superiori.

E ci sono gli ospiti, che contribuiscono a costruirsi, stipendiati, la propria prigione.

Alla fine del millennio, la collina sta cambiando volto diventando La Collina: vengono messe a dimora 1500 piante di ulivo; una, secolare, arriverà dalla lontana Spagna come simbolo del migrante in cerca di ospitalità. E viene rivitalizzata una parte della vigna: uva da vino, Monica e Vermentino. L'appezzamento brullo e improduttivo rinasce, coprendosi di bellezza e di vita.

E, in tutto questo, il disciplinare di recupero proposto dalla Comunità funziona, fornisce risultati evidenti, tanto che lo stesso sistema giudiziario spinge per un incremento della disponibilità all'accoglienza: La Collina 1 non basta più.

Il percorso rieducativo è ormai del tutto definito, anche negli aspetti importantissimi della cultura, della bellezza e dell'apertura all'esterno. Quest'ultima si ottiene con un'altra inversione clamorosa di paradigma: portando l'esterno alla Collina piuttosto che viceversa.

A cadenza settimanale si organizzano eventi culturali, si coltiva lo stimolo alla conoscenza invitando relatori che parlino di temi affini al sistema rieducativo e persone che ne discutano con loro. La sala comune, con il camino acceso d'inverno e le finestre spalancate d'estate, si colma di persone provenienti dal mondo nel quale si vogliono reintrodurre i ragazzi, con il compito di mostrare loro come sia possibile arricchirsi spiritualmente praticando la conoscenza, la riflessione, l'ascolto; quanto sia importante valutare le opinioni altrui e porle a confronto con le proprie senza ricorrere alla forza per imporle.

Non di rado, gli ospiti si trovano nella stessa stanza con i magistrati che li hanno condannati. Non più persone assise dietro una cattedra, incaricate di giudicarli, bensì esseri umani che dimostrano solidarietà nei loro confronti, interesse per la loro sorte: una lezione ineguagliabile. C'è un rapporto diretto, umano, tra di loro, senza la mediazione di tribunali e avvocati, carte legali e cancellieri. Ci sono gli scrittori, i giornalisti, gli operatori delle associazioni di volontariato che si occupano di diritti umani, quelli così spesso violati in carcere. C'è tutto un mondo che viene a trovare chi fatica in cerca di riscatto e lo fa sentire importante, il primo passo nella conquista di un'autostima indirizzata alla crescita interiore.

Il luogo si avvia a diventare bello come don Ettore lo aveva sognato quel pomeriggio al tramonto, oppure attentamente pianificato nella mente razionale che non gli manca. Sia come sia, è la bellezza che produce serenità e riflessione, che mette in pace con sé stessi: circonda la casa e tutte le attività. Impossibile spendere qualche ora con don Ettore senza sentirlo citare il principe Myškin: «La bellezza salverà il mondo».* Di certo, contribuirà a salvare le persone che vivono in Comunità.

---

* Il principe Lev Nikolaevič Myškin è il protagonista del romanzo *L'idiota*, di Fëdor Dostoevskij.

Un grumo di bellezza e serenità si coagula in una piccola cappella, l'unico luogo in cui si espone un crocifisso, ma senza troppe concessioni al simbolismo cristiano. Ci sono richiami a tutte le religioni e anche a nessuna, a ben pensarci; appare piuttosto un luogo di incontro in cui ciascuno può credere ciò che più gli aggrada, sapendo che non verrà disturbato nei propri pensieri. Una volta alla settimana ci si riunisce e il sacerdote predica, o forse riflette a voce alta. Magari sta solo ascoltandosi e preferisce farlo in pubblico, per far vedere che non ci sono pericoli a esporsi. Chi vuole può pregare, gli altri possono pensare a sé stessi, agli altri, a qualunque cosa. È l'unica occasione in cui viene proposta una devozione. Neppure prima dei pasti, quando invece si suggerisce un minuto di silenzio per restare in pace con sé stessi.

Ma in visita ci sono anche coloro che, finito il percorso in Comunità, riammessi a frequentare la collettività, di nuovo parte di essa, tornano spesso nel luogo in cui hanno compiuto la strada del recupero facendosi carico dell'esempio nei confronti di quanti ancora sono impegnati nella rieducazione. Mostrano nei fatti che è possibile farcela, cambiare vita ed esserne felici. Costruirsi un'esistenza che chiamano normale, sostituendola alla normalità della precedente illegalità. Anche la loro presenza è importantissima, perché parlano lo stesso linguaggio degli ospiti, ci sono passati prima di loro e sanno quel che pensano e soprattutto come; conoscono gli stati d'animo e le difficoltà, possono contribuire fattivamente a risolverle. E lo fanno.

Nella casa di campagna, insomma, c'è tutta una rete di comportamenti e relazioni in grado di indicare con chiarezza una strada possibile, resa esplicita ogni giorno dagli educatori.

Tuttavia, ampliare la possibilità di accoglienza, come pressantemente richiesto, significa dotarsi di una struttura più grande, qualcosa di imprevisto, diverso dai piani iniziali. Don Ettore prevedeva di passare la pensione nel casale, occupandosi di agricoltura, coltivando ulivi e possibilità di vita per giovani detenuti. Lo chiamano a un altro impegno. E, ancora una volta, prospetta una soluzione atipica.

Edificare una struttura di maggiori dimensioni significa anche necessità di risorse umane dedicate alla gestione. Per poche che siano, non se ne può fare a meno, c'è da introdurre nuove figure e soprattutto nuove mentalità nel progetto rieducativo. Non ci sarà più una casa colonica, per quanto atipica anch'essa, progettata da un architetto per pura buona volontà, abitata da un sacerdote, coadiuvato da educatori e volontari, assieme a un gruppo di ragazzi da assistere in un cammino difficile. Nascerà un complesso di stanze, ambienti, uffici, sale riunioni. La sala comune con il camino scoppiettante si sdoppierà, generando una sala riunioni per eventi culturali di respiro più ampio, ma rimanendo come ambiente privilegiato delle aree destinate ad abitazione per i pochi momenti di pausa, dedicati al solito allo scambio di idee piuttosto che all'ozio o alla televisione, sempre marginalizzata e minimale.

La piccola cappella così poco pretesca in cui riflettere, l'unico spazio appena venato di religione conclamata, diverrà più vasta, capace di maggiore capienza. Gli scaffali stracolmi di libri di cui La Collina 1 è ingombra, tanto che pare di abitare in una libreria, figlieranno una splendida biblioteca, parte del sistema bibliotecario regionale, dotata di quarantamila volumi, con sezioni specializzate in spiritualità e in diritti umani, gestita da personale professionale. Insomma, qualcosa di troppo ampio e importante perché possa restare proprietà di un privato: se deve diventare punto di riferimento della collettività, questa deve anche possederlo e prendersi le proprie responsabilità in merito.

Don Ettore espone la propria idea all'Unione dei comuni del Parteolla:* a loro cederà il terreno, circa un ettaro, sul quale verrà edificata la nuova struttura, chiedendo alla Regione autonoma di sopportarne i costi di edificazione. Quindi otterrà il comodato d'uso per gli scopi indicati dall'associazione Cooperazione e confronto: accoglienza di detenuti e di persone a rischio di marginalizzazione per una loro ricollocazione nella società. Sarà la collettività, l'Unione dei comuni, a possedere il nuovo complesso, non una persona fisica o un ente privato, per quanto senza scopo di lucro.

In molti gli preannunciano il fallimento. Regione autonoma meridionale, amministrazioni chiacchierate per l'eccessivo clientelismo e nepotismo, per gli sprechi in iniziative prive di senso civico e funzionali quasi sempre alla gestione del potere attraverso il controllo del bacino elettorale: quanti voti può valere una comunità per criminali? I soldi non arriveranno mai.

Invece si sbagliano. Con un sorprendente e atipico accordo bipartisan – ma per don Ettore c'è ormai l'abitudine – la Regione autonoma della Sardegna approva un finanziamento di 2 milioni di euro: parte l'avventura della Collina 2 e Collina 3, il piccolo complesso in arenaria di una calda tonalità ocra, sede di alloggi per i ragazzi accolti, stanze d'accoglienza, uffici, sale riunioni, ambienti collettivi e biblioteca, che amplia l'offerta della Collina 1 in

---

* L'Unione dei comuni del Parteolla e del Basso Campidano è un'associazione di Comuni della provincia di Cagliari.

termini numerici, ma consente anche ulteriori sviluppi in termini di impatto sul territorio. Ed è il momento di una pausa di riflessione. Di ascolto, direbbe don Ettore.

Che sia stata la provvidenza a illuminare le menti dei politici, come pensano i credenti, o un aggrovigliato e insondabile complesso di situazioni umane, non è poi così rilevante. Il dato oggettivo è che la testardaggine di un prete capace di trovarsi a proprio agio sia di fronte al presidente della Repubblica, per ricevere un'onorificenza al merito civile, sia di fronte al vescovo, che gli leva la messa per improvvide omelie sul controllo delle nascite o sulla sacralità dell'orgasmo, è riuscita nell'impresa di edificare una preziosa struttura di recupero per persone in difficoltà, mettendo d'accordo la litigiosa e poco stimata classe politica isolana.

Questo, di per sé, sarebbe già un piccolo miracolo. Ma quello enorme è un altro: sono i risultati in termini rieducativi. Chi spinge per ampliare l'esperienza di don Ettore non sono le associazioni di volontariato e i radical chic di pseudosinistra, tanto per usare un'espressione abusata: è la magistratura stessa che preme con lettere e dichiarazioni. Proprio quella magistratura che sperimenta ogni giorno, nelle aule dei tribunali, il clamoroso e tremendo fallimento del carcere. Sono i giudici che mandano dentro i poveracci e li vedono riapparire subito dopo la fine della pena, di nuovo di fronte a loro come prima per una, due, tre volte, quattro, per una vita. Sono le toghe a chiedere a gran voce che si dia retta a questo sacerdote che pare abbia trovato la pietra filosofale, perché lui riesce dove il carcere fallisce: ottiene di tenerli fuori di galera.

Ma non a scapito della sicurezza collettiva: chi passa da lui per un percorso di rieducazione e lo conclude, smette di delinquere, cioè non commette più reati. Chi esce dalla Collina avendo chiuso positivamente il proprio percorso, lavora, intesse relazioni, si sposa, mette al mondo figli e se ne occupa con la consapevolezza del danno possibile quando si operi malamente con i bambini, perché possiede le cicatrici della propria vita condizionata dalla diseducazione. Le persone affidate alla Collina non evadono, non delinquono, imparano a convivere con la propria aggressività in una vita comunitaria. Tutto questo è sicurezza della collettività, la sicurezza autentica: meno delinquenti a spasso.

Dopo tutto quanto si è detto del carcere e della Collina, appare ridondante una spiegazione puntuale sul perché l'uno – la galera – produca crimine e l'altra – La Collina – legalità: si dirà, semplicemente, che laddove la casa circondariale è pensata e gestita con il solo scopo di tenere rinchiusi i criminali, rigettandoli per la strada peggiori di prima, La Collina è pensata e gestita per farli smettere di essere tali. Come risultato, il carcere produce criminali perché nessuno pensa seriamente a farli smettere; La Collina li educa affinché tornino capaci di rientrare nella collettività senza commettere crimini. Questo lo dicono i numeri: settanta su cento (almeno) uscendo dalla galera ci rientrano, avendo commesso altri crimini, mentre quattro su cento lo fanno uscendo dalla Collina. E sarebbe assai meglio dire, al contrario, che novantasei su cento, uscendo dalla Collina, riprendono un ruolo attivo nella collettività. Cioè, a parte le rarità statistiche, tutti.

Nel nuovo millennio (chissà se anche questo è un segno per i credenti) nascono La Collina 2 e poi La Collina 3, mantenendo, nella nuova struttura, la medesima filosofia rieducativa utilizzata in precedenza: il contratto manoscritto sulla paginetta A4 dal quale siamo partiti è ancora la molla, o la chiave di volta, del sistema.

E sarebbe arrivato il momento di domandarci (finalmente!) quanto costi davvero al contribuente questa sorta di strano oggetto elaborato da don Ettore a favore del recupero dei delinquenti. Diamo pure per assodato che funzioni e anche bene, pare proprio sia così, ma possibile si debbano spendere tutti questi soldi per loro? Due milioni di euro per i criminali?

Ci sarebbe da aggiungere un piccolo avverbio: *solamente* 2 milioni di euro.

Siamo al 2013 e c'è da costruire il nuovo carcere di Bolzano, Provincia autonoma che vanta una delle migliori amministrazioni locali italiane (se non la migliore). Il carcere in funzione è obsoleto, cadente e sovraffollato. La Provincia pubblica un bando per la realizzazione della nuova casa circondariale, prevedendo un costo di 63 milioni di euro, che, sommando altre spese necessarie per espropri e lavori accessori, arriva a 72 milioni di euro. Capienza, duecento carcerati nelle sezioni intramurarie, venti in quella per la semilibertà, extramuraria, cioè gli ambienti in cui i carcerati ammessi al lavoro esterno devono tornare ogni notte. In tutto duecentoventi posti, per ciascuno dei quali si prevede un investimento di circa 330.000 euro.

Possiamo dire che se La Collina, costata 2 milioni, ospitasse sei persone non sarebbe uno scandalo? Stesso investimento pro capite ma se non altro la Comunità funziona, rieducando chi la frequenta, mentre il carcere no. Invece scopriamo che, con l'investimento di 2 milioni, La Collina coinvolge ben più di sei persone, perché la possibilità di una struttura più ampia consente tutt'altre possibilità.

Quando matura la decisione di realizzare il nuovo caseggiato, La Collina 1 ospita fino a dodici ospiti, e con l'avvento della Collina 2 se ne possono ospitare altri sei; La Collina 3 ne apporta ulteriori sei, sempre nell'orizzonte dei piccoli gruppi autonomi gestiti da educatori diversi.

Inoltre, la Comunità ha sviluppato un ulteriore gradino nel percorso educativo, prevedendo altre tappe intermedie prima del definitivo reinserimento in società: La Collina 4 e La Collina 5. Sono due alloggi ubicati a Serdiana, mezz'ora di cammino; il primo può ospitare fino a tre persone, il secondo fino a sei. Sono ambienti per detenuti che abbiano progredito positivamente nel percorso educativo, dove possono godere di una maggiore autonomia. Per loro non è prevista la presenza costante di un educatore, ma neppure la piena libertà di movimento. Gli educatori effettuano visite non preordinate, verificano il rispetto delle norme di comportamento, discutono le scelte autonome effettuate, richiedendo spiegazioni su quanto possa apparire non perfettamente aderente al disciplinare concordato. In particolare, viene ben verificato l'impiego del denaro proveniente dal salario. Gli occupanti della Collina 4 e 5 si spostano ogni mattina dall'alloggio al luogo di lavoro e vi fanno rientro la sera per la cena e il riposo, con qualche piccola autonomia aggiuntiva per la spesa e il disbrigo delle faccende personali.

L'alloggio della Collina 4 è stato acquistato utilizzando la somma di denaro ricavata dalla vendita di un'imbarcazione adibita al traffico di droga, sequestrata dalla magistratura e assegnata alla Comunità. L'alloggio della Collina 5 è in affitto.

L'attività di coordinamento ruota attorno all'area uffici e servizi della Collina 2 e 3, centro propulsore di una fitta rete di progetti interconnessi che hanno come scopo ultimo l'aiuto ai soggetti in difficoltà e la loro introduzione o reintroduzione attiva nella collettività.

La Collina 4, costata 200.000 euro, e La Collina 5, in affitto, sono da confrontare, come filosofia di intervento, con i venti posti extramurari per la semilibertà previsti nel carcere di Bolzano a 330.000 euro ciascuno. Una follia.

E non si può fare a meno di notare che, se anche parliamo di Bolzano, Provincia spesso citata come esempio emblematico di buona amministrazione, il carcere ancora non c'è. Dal 2013 si aspetta l'inizio dei lavori, né ancora è dato sapere quando e in che termini verranno conclusi. Situazione peraltro tipica di tutte le opere statali, con particolare riguardo alle case di pena.

In totale, l'investimento per ogni posto disponibile presso la Comunità è di circa 66.000 euro, cifra che si commenta da sola.

E poiché in fondo c'è il dolce – o il veleno, dipende dai punti di vista – si concluda con la domanda finale: ma quanto ci costa ogni giorno un detenuto ospitato in Comunità? Quanto spendono i contribuenti?

Ciascun ospite ci costa ogni giorno 60 euro. Pardon: ci costa ogni giorno *solamente* 60 euro, perché in una casa circondariale ce ne costa 137! E in un carcere minorile più di 600 (seicento-al-giorno, una vera stupida, oscena pazzia!). Specifichiamo che nei 137 citati il mantenimento assomma a circa 9 euro, mentre nella Comunità è interamente pagato dal detenuto. La Regione autonoma della Sardegna copre all'80 per cento i costi con un contributo annuale di 200.000 euro, mentre il restante 20 per cento proviene da donazioni liberali.

Questo dato eclatante mostra finalmente perché il carcere non funziona e la Comunità sì. I costi del carcere, i 137 euro giornalieri, sono all'80 per cento spese per la sorveglianza, per gli stipendi dei sorveglianti. Mentre quelli della Collina sono spesi per la loro rieducazione. In cui il mantenimento (il cibo, l'acqua calda, il riscaldamento, il gas per cucinare, il detersivo per lavarsi le mutande e l'energia elettrica per ricaricare il telefonino) non c'è, perché è parte integrante del processo educativo. In carcere li teniamo in gabbia come animali e li nutriamo gratis (e male) senza rieducarli. In Comunità si tengono in gabbia da sé, risparmiando i 115 euro di sorveglianza; e lavorano per mangiare, mentre i 60 euro servono a farli ridiventare persone per bene. Ecco perché la Comunità funziona: perché è concepita per rieducare, mentre il carcere per imprigionare.

Ma non solo: la disponibilità dei nuovi locali ammette altre tipologie di intervento per coadiuvare il reinserimento dei detenuti nella società, supplendo alle carenze del sistema penitenziario. Esempio paradigmatico, i permessi premio.

Il sistema penitenziario li considera formalmente una tappa importante nel processo rieducativo. Al detenuto che ne maturi il diritto, viene permesso di allontanarsi dal carcere per qualche giorno al fine di dimostrare sufficiente maturità per evitare comportamenti criminali e rientrare di propria volontà in carcere nei tempi stabiliti. Ma, a volte, usufruirne è molto difficile, se non impossibile.

*Gentilissimo Don Ettore Cannavera. Lo scrivente è ***** ***** allo stato attuale detenuto presso Casa reclusione Mamone. Tramite un compagno sono venuto a conoscenza della sua struttura di accoglienza ed in particolare di misure alternative alla detenzione. Faccio presente che il fine pena è previsto allo 04-05-2009 (senza considerare beneficio liberazione anticipata (3 semestri). Con la presente intendo chiedere la possibilità di accoglienza in eventuale permesso premio in quanto non mi viene concesso nel mio luogo d'origine (*****) per motivi legati al reato di cui sto espiando. Non so se la sua struttura ospiti persone non tossiche ed anche con età superiore a 25 anni da come ho preso visione nell'opuscolo. Io ne ho 49. Sempre tramite l'opuscolo ho letto che esiste una cooperativa sociale ONLUS di cui si occupa in campo agricolo in cui ho un po d'esperienza (in particolare ulivicoltura) chiedo gentilmente a voi di poter avere notizie in merito sia per,* *un'eventuale accoglienza in permesso premio che per un eventuale misura alternativa alla detenzione. Fiducioso, in attesa di riscontro invia distinto ossequio ed anticipamente ringrazia.*

Mamone 01-10-2007 *****

(Colonia penale di Nuoro – Mamone)

Egregio Don Ettore
*Sono il detenuto ***** ***** nato in Marocco il **. **. ****, Sono ristretto alla casa reclusione di Isili (Cagliari)*
La scrivo per cercarvi la possibilità di poter essere accettato alla vostra Comunità, per trascorrere i permessi premio che mi vengono concessi dal Tribunale di Sorveglianza, io non ho residenza, e solo la vostra comunità, se mi dà il consenso, posso usufruire dei permessi premio, sperando che voi mi dia parere favorevole ad accettarmi alla vostra Comunità per trascorrere i permessi premio, la saluto con tanti ringraziamenti e una gran stretta di mano, mi auguro che mi scrivete, inviandomi l'accettazione della richiesta
Con osservanza

(Colonia penale di Cagliari – Isili)

Il reato non consente un permesso nel luogo di origine, scrive il primo detenuto. Il secondo non ha fissa dimora, quindi il magistrato non può concedergliene uno, perché il luogo dev'essere definito e attentamente valutato sotto molti punti di vista. Ma accade anche che mogli, genitori, fratelli stanchi di sopportare il peso di un detenuto in eterna difficoltà o semplicemente impossibilitati per timore di situazioni spiacevoli, neghino il consenso. Si avrebbe diritto ma manca un appartamento, una stanza, un rifugio.

Ecco che allora interviene la Comunità, mettendo a disposizione la struttura di accoglienza per favorire il permesso. Occasione in cui l'extracomunitario può finalmente assaggiare il sapore di una giornata fuori dal carcere, ma anche mostrare di essere sufficientemente maturo da non evadere. Segnale positivo in vista di una risocializzazione.

Oppure così si crea l'occasione in cui un padre può di nuovo incontrare un figlio mai visto, in un ambiente neutrale, assieme a una moglie in crisi, che non riesce a organizzare l'incontro nella propria abitazione; superando la mestizia degli orrendi colloqui in carcere.

O un giovane innamorato può abbracciare una fidanzata, una compagna, una moglie, per un incontro sessuale di reciproco appagamento, un ricordo da conservare di conforto al duro percorso di detenzione.

Sono diritti di cui non si potrebbe godere, senza la disponibilità della Comunità; ma anche un servizio alla collettività, nel senso dell'aiuto dato ai valutatori per decidere del recupero di un detenuto.

Senza trascurare l'aspetto educativo dell'operazione: i detenuti ospiti della Comunità possono percepire che il ruolo di servizio nei loro confronti è reso gratuitamente, quindi possono capire che oltre al lavoro e al guadagno esiste la solidarietà; possono comprendere che anche loro ne sono oggetto e ipotizzare di diventare a loro volta soggetti attivi in tal senso, aiutando in prima persona altri in difficoltà come parte del proprio percorso di recupero.

La Collina non si ferma ai detenuti. Se ha ampliato la propria struttura l'ha fatto per estendere anche lo spettro di interventi, diventando rifugio per minori a rischio di marginalità e lanciando un impegnativo progetto Sprar (Sistema di protezione per richiedenti asilo e rifugiati), entrambi con la doppia funzione dell'intervento in sé e dell'effetto positivo nei confronti dei detenuti.

Il carcerato sulla strada della risocializzazione può ricevere non pochi insegnamenti dal contatto con persone toccate dal dramma della guerra, della tortura, in fuga dai propri affetti per avere salva la vita. Questo sono i rifugiati e i richiedenti asilo. Essi soffrono una situazione di disagio superiore, se possibile, a quella di un detenuto, perché il loro dramma non è causato da un comportamento viziato, dalla commissione di un crimine, ma da circostanze avverse. Sono persone sole, strappate ai propri affetti e in cerca di un rifugio. La presenza del progetto Sprar consente un interscambio d'esperienza tra detenuti e migranti, una possibilità di ascolto, confronto e crescita. Un ulteriore passo verso l'apertura all'esterno.

In un pranzo domenicale, in Comunità, può capitare di trovare gli ospiti della Collina che hanno invitato i rifugiati accolti negli alloggi di Cagliari e preparano il pasto per loro. È il mondo intero che entra in Comunità e racconta le proprie storie direttamente, senza l'intermediazione di una trasmissione televisiva o le semplificazioni della rete.

Infine domandiamoci: cosa è stato edificato con i risibili 2 milioni di euro con i quali a Bolzano avrebbero ospitato sei carcerati?

Un'oasi di bellezza e serenità, un luogo magico in cui ogni tramonto è un capolavoro, ma anche una prigione che riporta alla società persone difficili e problematiche, spesso responsabili di crimini gravi.

E cosa abbiamo costruito – o si costruirà, forse, chissà – con i 72 milioni di euro destinati a Bolzano?

Un'orripilante pattumiera di cemento che conterrà trecentoventi disgraziati, perché oltre ai duecentoventi detenuti ci saranno cento agenti di polizia penitenziaria, uno dei mestieri più brutti e pericolosi che si possano trovare in Italia. Come si fa a lavorare chiusi in un cubo di cemento con l'incarico di tenere la gente dentro uno zoo?

Basta discorrere con gli operatori della Comunità, ma anche con il personale non direttamente coinvolto nel processo educativo, per capire la differenza. Dicono, ad esempio, di aver perso la sindrome da cui è tipicamente affetto qualunque lavoratore: quella del lunedì mattina, quando torna al lavoro e vorrebbe fosse ancora domenica.

Costa poco, funziona, genera bellezza, recupera aree dismesse, produce lavoro appagante. Ha anche cancellato il lunedì. Resta solo da chiedersi cosa sarà il futuro, ma non per la Comunità, che continuerà a vivere per condurre i propri progetti. Chiediamoci, piuttosto, se La Collina abbia o meno intenzione di comportarsi da virus, di contagiare altre realtà inoculando loro il proprio Dna.

La prigione di fronte all'alba
(La Collina: istruzioni per l'uso)

Raccontare La Collina, seguendo il filo della vita di un sacerdote tanto atipico quanto geniale, potrebbe ingenerare un equivoco: che la prima e il secondo finiscano per coincidere.

Lo stesso don Ettore, non poco spesso – e come ha dichiarato in occasione della concessione di un'onorificenza da parte del presidente della Repubblica – ricorda che la propria creatura è in realtà come un'orchestra, di cui è il direttore *pro tempore*. I direttori cambiano, le orchestre, se valide, se i professori posseggono professionalità e talento, restano; come dimostra quella del Teatro alla Scala, che ha visto arrivare e passare anche Toscanini e Von Karajan, ma non per questo si è estinta.

Tuttavia la domanda più intrigante non è chi sarà il prossimo direttore; uno ne arriverà, per i credenti mandato dalla provvidenza, per gli altri dalla competenza e dal desiderio di far del bene. Né cosa farà don Ettore l'anno prossimo, o quello successivo, o tra dieci anni; quale altra opportunità troverà, e quale Collina X aprirà, per aderire ogni minuto di più al messaggio evangelico della propria vocazione. La vera domanda è invece come fare per ampliare l'esperienza, per porla a disposizione della collettività in senso più ampio, diffondendo il messaggio che un altro carcere è possibile: più efficace nella rieducazione (dunque più utile per la sicurezza dei cittadini), più economico, più umano.

Sarà possibile replicare l'esperienza?

Mantenendo la metafora dell'orchestra, e tenuto conto della necessità di operare con gruppi ristretti di ospiti, è bene considerare preliminarmente che la Comunità non può crescere eccessivamente di dimensioni, non più di quanto possa farlo un'orchestra. Raddoppiarne o triplicarne i componenti non porta a esecuzioni migliori, né rende agevole dirigerla.

Però può essere clonata, codificando il Dna che ne regola il funzionamento e trasferendolo ad altre realtà per generare il medesimo risultato: l'accoglienza di detenuti per una loro rieducazione, secondo quanto prescritto dalla legge, dalla Costituzione della Repubblica.

Codificare il Dna della Collina significa, essenzialmente, procedere a eliminare le sovrastrutture derivanti dalla realtà locale, dalla storia personale del fondatore, don Ettore Cannavera, per giungere alla definizione dei costituenti basilari sui quali ruota il successo della Comunità in termini di capacità di recupero e integrazione dei detenuti nella collettività.

Trattandosi di un sistema complesso, la riduzione ai costituenti fondamentali può essere guardata da più punti di vista, ma quello maggiormente esplicativo è forse un approccio che parta dallo sviluppo storico della Comunità, dalla sua evoluzione negli anni, avvenuta per aggiustamenti successivi ai risultati via via ottenuti.

Il punto di partenza può essere individuato nella maturazione dell'esperienza della Cooperativa Kadossène, con la successiva realizzazione della Collina 1, il casolare in agro di Serdiana che ha visto operare per la prima volta l'associazione Cooperazione e confronto e la cooperativa La Collina.

Come illustrato in precedenza, durante i primi anni di operatività si è evitato il ricorso a qualunque contribuzione pubblica e ciò in netto contrasto con il principio che la rieducazione dei detenuti (ma non il loro mantenimento, è bene rimarcarlo) debba essere un onere a carico della collettività.

Questa scelta, l'evitare il contributo pubblico nella fase iniziale, è il primo tratto qualificante da individuare. La sua ragione è duplice: da una parte motivazionale, dall'altra strategica.

Indubbiamente, il tipo di attività che ci si prefigge, ovvero la costituzione di una comunità per il recupero e la risocializzazione di criminali responsabili spesso di delitti gravissimi, dall'omicidio efferato alla pedofilia, richiede un impegno personale, una visione del mondo, adatto a personalità fortemente orientate al volontariato, che trovano gratificazione nel dono di sé agli altri.

Ciò non è da inquadrare a tutti i costi in una cornice religiosa o confessionale, ma lo spirito di servizio teoricamente appannaggio del clero e dell'associazionismo religioso dev'essere ben presente, come del resto si ritrova in numerosissime associazioni laiche.

In termini motivazionali, l'operare per qualche anno senza supporto pubblico implica la necessità di cementare la formazione di un team assai motivato su base volontaria, che costituirà in seguito la direzione dell'attività, la leadership della comunità matura. Un ruolo concettualmente e praticamente distinto avranno gli operatori professionali, i quali devono sempre essere retribuiti e, pur dotati di un forte impulso motivazionale nell'espletamento delle proprie mansioni, mostrare il necessario distacco dal coinvolgimento esistenziale tipico del volontario.

In sintesi, il primo periodo di attività deve formare la mentalità del gruppo promotore, il quale non può operare se non con lo scopo della risocializzazione dei detenuti, obiettivo che esclude il lucro ed è necessariamente volontaristico. Queste persone si prenderanno carico di dare forma a un team di lavoro costituito da educatori esperti e retribuiti, che si occuperanno della rieducazione, coinvolgendo, ovviamente, anche altre risorse volontarie. Da questo punto di vista, niente di nuovo rispetto alla norma del terzo settore, pur con l'attenzione alla figura fondamentale dell'operatore di condivisione, una delle novità qualificanti la Comunità di Serdiana.

Il periodo di operatività in assenza di contribuzione pubblica dovrà essere sfruttato per sperimentare la capacità del gruppo promotore nell'ottenimento di almeno due importanti risultati: il primo, percentuali di recidiva confortanti nei detenuti accolti e indirizzati su un percorso di recupero; il secondo, la sicurezza di accesso alle fonti di finanziamento.

Nel periodo che potremmo definire di «rodaggio», quando vengono verificate la determinazione e la competenza dei promotori, la possibile scarsità di risorse può essere fronteggiata con le più diverse strategie, ma dev'essere palese che senza canali di sovvenzione ragionevolmente certi e una gestione oculata dell'operatività è arduo immaginare di poter ottenere risultati validi. I canali di sovvenzione dipenderanno dalla realtà locale in cui si operi (dall'autotassazione del gruppo promotore al crowdfunding, si possono ipotizzare molte diverse eventualità, tutte ben note al terzo settore), ma d'altra parte si deve in ogni caso evitare che il problema economico soverchi quello educativo, portando a un'organizzazione troppo sbilanciata sulla ricerca di risorse.

È ragionevole supporre che il gruppo promotore abbia già maturato esperienze, almeno a livello individuale, nelle problematiche inerenti la risocializzazione di persone a rischio di esclusione sociale, e sia quindi in possesso di una rete di relazioni da sfruttare per la ricerca di opportune fonti di finanziamento.

In termini di strategia, premesso che l'obiettivo irrinunciabile è quello dell'accesso a una fonte di finanziamento pubblica che copra i costi della rieducazione, il periodo di rodaggio avrà anche lo scopo di acquisire risultati da spendere in sede di presentazione delle opportune richieste agli amministratori pubblici. Dev'essere chiaro che i risultati – cioè bassa incidenza della recidiva come dimostrazione dell'efficacia del percorso di recupero e costo inferiore alla spesa corrente nelle carceri – devono precedere le richieste di finanziamento pubblico, costituendone la motivazione; a maggior ragione in un momento storico in cui il carcere viene impropriamente trattato dal mondo politico come soluzione a un «problema di sicurezza».

Nella società liberista attuale, in cui le frange deboli, i perdenti, sono il bacino di approvvigionamento delle carceri, rinchiudere il deviante in nome della sicurezza è appagante per larghi strati della popolazione, che vede in simili individui l'esempio negativo da additare per definire ed esaltare il proprio stato di normalità. Né sconvolge, nell'odierna opinione pubblica, se assieme al deviante finiscono dietro le sbarre anche il matto e il drogato, per non parlare del migrante.

Da questo punto di vista, un approccio basato sulla richiesta di maggior rispetto per la persona umana e di maggiori garanzie riguardo i diritti dei detenuti non appare strategicamente proponibile. Dà maggiori garanzie di accoglienza favorevole, invece, il caso in cui un risultato positivo in termini rieducativi – sul quale si può veicolare il messaggio riguardante la sicurezza – si sommi alla riduzione dei costi rispetto alla corrente spesa per il mantenimento in carcere.

A maggior ragione, è bene sottolinearlo, va evidenziata la mancanza della necessità di costosissimi investimenti per la realizzazione di istituti penitenziari, cui si aggiungerà la spesa per la manutenzione delle strutture e il loro aggiornamento.

Il deviante è sempre stato impiegato dal potere come bersaglio per la rabbia popolare, e la canalizzazione dell'odio sui colpevoli di reati particolarmente gravi e brutali ha sempre costituito una tattica per la raccolta di consenso. Quindi la riduzione dei reati ottenuta con la rieducazione di chi, altrimenti, sarebbe stato propenso a delinquere, e soprattutto l'argomento economico, possono attrarre l'attenzione e portare a risultati positivi per quanto riguarda la risposta degli amministratori pubblici. Attenzione sollecitata dai risultati già ottenuti.

La struttura societaria può essere la più varia, purché si contemperi la necessità di gestione trasparente delle risorse, fondamentale in un periodo in cui il terzo settore è stato sede di speculazioni poco chiare, e una forma sociale opportuna per la gestione del lavoro dei detenuti. La soluzione prospettata dalla Comunità La Collina appare valida (Onlus per la gestione dell'attività di recupero e cooperativa per la gestione del lavoro dei detenuti), ma non certo l'unica.

La localizzazione della struttura fisica che ospita la comunità è dirimente: l'esperienza ha dimostrato la necessità di frapporre una barriera almeno psicologica tra il detenuto che segua un percorso di recupero e l'ambiente nel quale ha maturato il proprio vissuto deviante. La scelta della Collina, un ambiente agricolo a poca distanza da un paese satellite di una città di medie dimensioni, scaturisce dalla biografia del fondatore e può essere reinterpretata in funzione delle condizioni locali, purché attentamente calibrata.

Non bisogna scordare, infatti, che si pone la necessità di fornire un lavoro retribuito ai detenuti in fase di risocializzazione. Inoltre, l'ambiente nel quale operano deve necessariamente essere dignitoso – don Ettore aggiungerebbe «bello» – e non devono determinarsi situazioni di pieno isolamento tali da pregiudicare i contatti umani, sociali, culturali con l'esterno. Nonostante l'apparente difficoltà, esistono ampi margini di scelta.

Senza ripercorrere la strada seguita dalla Collina (un intervento privato, seguito da uno pubblico per la realizzazione di una nuova struttura), si deve ricordare che i piccoli comuni che gravitano attorno alle città si trovano spesso nella condizione di dover gestire, con ingente esborso di denaro, stabili che la storia e le circostanze hanno portato nella loro disponibilità e per i quali appare difficile l'impiego. Dopo la fase di rodaggio, per la quale si può utilizzare una soluzione transitoria, in cui si sono dimostrate le proprie capacità e sono stati stabiliti gli opportuni legami con ambienti politici, culturali e giudiziari, queste strutture possono essere richieste in comodato d'uso nell'ambito della contrattazione per il sostegno pubblico all'attività di rieducazione. La rivitalizzazione di aree periferiche dismesse e compromesse potrebbe essere una delle chiavi di accesso a un sostegno pubblico locale, nonché a una fonte di lavoro adeguato per i detenuti.

Va da sé che, compatibilmente con la capacità di raccolta di donazioni liberali, la soluzione della realizzazione di una struttura propria, possibilmente modulare e suscettibile di sviluppo, è quella ottimale. Oppure l'acquisto e la modifica di una struttura esistente, che avrebbe l'ulteriore vantaggio di essere presentata come azione di recupero poco invasiva.

La consistenza numerica del gruppo di detenuti in recupero dev'essere limitata: non più di quattro-sei elementi, a seconda delle valutazioni di opportunità legate alla personalità degli ospiti. Per numeri maggiori, l'esperienza insegna che devono essere previsti più gruppi autonomi. Ciascuno di essi andrà curato da almeno quattro educatori di condivisione professionali e possibilmente coadiuvati da volontari.* È consigliabile porre particolare attenzione alla presenza di figure femminili, sia per la creazione di un ambiente famigliare nel caso di giovani, sia per la rappresentazione completa della realtà sociale esterna alla comunità, in piena antitesi con l'esperienza carceraria, dominata dalla rigida segregazione di genere.

L'ambiente in cui si spende la vita dev'essere comunitario, accogliente e famigliare, a partire dall'organizzazione dell'alloggio, in cui deve spiccare l'area comune in cui si svolgono le attività comunitarie: pasti e riunioni. Sarà regolata da orari condivisi da tutti, anche dagli educatori (e si potrebbe dire soprattutto), nonché caratterizzata da collaborazione e rispetto reciproco. Al di là dell'attività lavorativa, nella quale tutti sono coinvolti, le incombenze domestiche sono equamente suddivise. I momenti comunitari, come i pasti, le riunioni, le uscite autorizzate sotto la

---

* Per le problematiche inerenti i turni di lavoro degli educatori si veda *Responsabilità partecipate. Percorsi d'inclusione sociale per giovani adulti autori di reato*, a cura di Patrizia Patrizi, Giuffrè, Milano 2007, specialmente il capitolo 14.3.

supervisione di un educatore, devono essere rivolti alla maturazione interiore e alla riflessione. Questo non esclude lo svago, consapevolmente inquadrato nell'arco della giornata e della settimana, da equilibrare con l'attività lavorativa e con le derivanti possibilità economiche. Moderazione ed equilibrio non possono mai essere trascurati.

L'assunzione di sostanze lecite potenzialmente suscettibili di dipendenza dev'essere valutata con estrema attenzione, sia sotto l'aspetto strettamente medico sia di opportunità educativa. Quindi, il consumo di alcolici è sconsigliato (salvo in particolari occasioni, in cui tuttavia va controllato), mentre quello di tabacco dev'essere proibito negli ambienti comuni e tollerato all'esterno, su una base di buonsenso. Pur senza ricorrere a disciplinari troppo rigidi, sarebbe opportuno scoraggiare regimi alimentari viziati, come il consumo eccessivo di dolciumi o bevande gassate, tenendo comunque presente che il cibo viene approntato in modo comunitario e condiviso, poiché dev'essere occasione di riflessione e confronto alla luce del fatto che ciascun ospite si mantiene con il proprio lavoro contribuendo inoltre alle spese comuni (utenze, detersivi eccetera).

Il pasto dev'essere occasione per dimostrare che il denaro di cui si dispone proviene dal proprio lavoro, non da attività illegale o da assistenza statale, e pertanto va ben impiegato, senza sprechi e con la consapevolezza della fatica che occorre per procurarselo. Questo, forse, è uno degli aspetti maggiormente impegnativi per devianti che fin da giovanissimi sono stati abituati a ritenere il denaro un bene da procacciarsi con mezzi illeciti laddove appaia disponibile, e quindi propensi allo spreco.

In linea di principio, l'esperienza di vita comunitaria dovrebbe condurre alla presa di coscienza della necessità di adeguare il proprio comportamento a quello degli altri, sviluppando l'abitudine all'ascolto delle esigenze altrui e quindi al compromesso, base della vita di relazione. Di solito questa è una delle principali carenze che determinano comportamenti devianti.

Da questo punto di vista è fondamentale il mantenimento di un rapporto di interlocuzione con coloro che, concluso il percorso rieducativo, si sono integrati nella società. Essi possono contribuire fattivamente essendo di esempio e stimolo per i detenuti ancora alle prese con il proprio adattamento a una nuova vita comunitaria, in attesa di poter riprendere la comune vita sociale. Chi ha concluso positivamente il proprio percorso capisce appieno i problemi incontrati da chi è ancora per strada, parla lo stesso linguaggio e può interagire a un livello di confidenza impossibile anche per l'operatore più esperto. La presenza di un detenuto rientrato in società è anche importante per mostrare come sia possibile contribuire al bene altrui senza un guadagno immediato.

Assieme al cibo, acquistato con il denaro guadagnato grazie al lavoro, e al rispetto reciproco, l'altro cardine della vita comunitaria dev'essere la cultura. Si deve incentivare chiunque desideri istruirsi e si devono creare occasioni di crescita culturale. Si deve poter disporre di libri e le occasioni di incontro con operatori culturali vanno istituzionalizzate, devono divenire parte integrante dell'abitudine quotidiana. Sarebbe essenziale che l'attività culturale comprendesse anche eventi con operatori ed esperti provenienti dal mondo della giustizia, giudici e avvocati, nel tentativo di dimostrare che il nemico è altrove, non nelle aule di un tribunale.

Nello stesso modo, sarebbe molto formativo l'incontro con il mondo del carcere, ad esempio con gli operatori carcerari, così da stimolare uno scambio di ascolti di norma inesistente. Le due categorie cui è destinato il carcere, detenuti e sorveglianti, non possono essere in contrapposizione, come attualmente avviene; è vero invece che sono entrambe costrette a condividere lo spazio della prigione, ad abitare assieme interagendo e dunque a trovare un modo per confrontarsi. Se il confronto degenera, come avviene tuttora negli istituti di pena, e viene impostato sulla base dei rapporti di forza, ciò va a detrimento di tutti, dei detenuti e della loro possibile rieducazione, ma anche dei sorveglianti.

La comunità potrebbe essere un luogo di mediazione, o di un tentativo di mediazione, in grado di influenzare anche la realtà carceraria. I detenuti potrebbero constatare che gli agenti penitenziari non sono nemici bensì compagni di viaggio capitati per i casi della vita dalla parte opposta delle sbarre, e questi che i detenuti sono persone con le quali è possibile stabilire un rapporto di vicinanza positivo per entrambi. Una prigione più umana lo sarebbe anche per i sorveglianti, sebbene nessuno lo faccia rimarcare.

Questo è il semplice ma complesso Dna della Comunità, a disposizione di chiunque sia interessato a prenderne copia per adattarlo alle proprie esigenze, al proprio territorio, alla propria realtà.

La Comunità La Collina non rivendica alcun primato, non pretende di insegnare il mestiere a nessuno. Opera, tutti i giorni, per il solo obiettivo di assicurare una possibilità a esseri umani in stato di difficoltà, seguendo un messaggio evangelico che chiunque, anche non credente, può accogliere senza difficoltà, perché un mondo privo di sofferenza sarebbe migliore per tutti.

Però, proprio quel messaggio evangelico suggerisce di spendere sé stessi per gli ultimi e, in questo, La Collina può e deve palesare sé stessa, raccontandosi e mostrando ciò che fa. Con la massima semplicità.

Se La Collina è nata di fronte a un tramonto, dopo venticinque anni di lavoro è ora di porla di fronte all'alba, di far sì che possa disseminare il patrimonio di esperienza accumulato e di vite recuperate dal disastro del carcere. Vite restituite alla collettività.

Sarà anche una metafora scontata, questa dell'alba, ma è ciò che piace ai detenuti, ai prigionieri. Le metafore fanno sognare con maggiore facilità e il sogno, in fondo, altro non è che l'allegoria della libertà alla quale non possono fare a meno di aspirare.

E, a volte, riescono a raggiungerla.

Ringraziamenti

Sebbene modesto, questo libricino ha visto la luce grazie al concorso di un gran numero di persone, che ringrazio pubblicamente. Correndo il serio rischio di essere detestato più di quanto già non sia perché dimenticherò di certo qualcuno.

Un sincero grazie a don Ettore Cannavera, che mi ha aperto il suo archivio trentennale confidando nelle mie modeste capacità. Mi ha anche narrato la storia della Comunità La Collina, e per questo della sua vita, aprendosi senza risparmio e fidandosi ciecamente di me. Spero non debba pentirsene in futuro.

A Carla Cabras e Luca Caschili, persone dolcissime quanto di rara forza d'animo, che mi hanno accolto nella loro Comunità e incoraggiato nel corso del lavoro.

A Gherardo Colombo, che ha sostenuto la pubblicazione ritenendola utile come contributo alla definizione dei problemi legati al carcere.

A Stefano Sacchitella, prodigo di consigli e amicizia. Si è assunto l'onere di editare i miei testi, attività per la quale non ho motivo di invidiarlo. Di compatirlo sì.

A Chiarelettere, che ha avuto il coraggio di pubblicare uno scritto come questo in un momento storico in cui si legge poco e spesso di tutt'altro genere.

A Michela Cosili, e allo Studio Littera, che hanno migliorato il testo scoprendo che non sono Gadda. Con competenza e pazienza encomiabili.

A Ottavio Olita, che per primo ha intuito le grandi potenzialità dell'archivio di don Ettore Cannavera e di cui ho seguito i preziosi consigli.

Agli educatori della Comunità: Angela Arrus, Massimo Murgioni, Sara Falqui, Riccardo Meloni. Alle persone non direttamente coinvolte nei percorsi rieducativi: Massimiliano Perra, Cinzia Marcìa, Anna Maria Porcu. Ai volontari che donano il proprio tempo svolgendo importanti attività all'interno della Comunità e che ho avuto modo di incontrare. Tutti, senza esclusioni, hanno conversato a lungo con me fornendomi importanti informazioni sul senso dell'impegno comunitario.

A tutti gli ospiti della Comunità, che per ovvi motivi di privacy non posso nominare. Che si sono confidati aprendo per me lo scrigno dei propri pensieri. So per certo quanto sia stato arduo e quanta fiducia abbiano riposto in me per farlo con tanta profondità.

So che potrà apparire sibillino, ma ringrazio gli abitanti di Arborea B, paese che non si trova nelle carte geografiche e neppure su Google Maps; in particolare Pierino, con cui ho litigato e che riabbraccerei volentieri; e Gigi, con il quale non ho fatto in tempo a litigare ma ho riabbracciato più che volentieri. Senza dimenticare Giovanni Su Pippiu, e Mauro.

Ma la maggiore gratitudine va alle due persone senza le quali questo lavoro non sarebbe mai stato possibile. A loro l'ho dedicato ma è doveroso, e un sincero piacere, ringraziarli almeno un'altra volta.

Finito di stampare
nel maggio 2020 presso
Rotolito SpA – Seggiano di Pioltello (MI)